Pijn zonder strijd

Pijn zonder strijd

Over stoppen met vechten en zin in je leven krijgen

De nieuwe manier van omgaan met chronische pijn als gevolg van rug-, nek-, schouderproblemen, migraine, spannings-hoofdpijn, fibromyalgie, whiplash, rsi, reuma, en chronische aandoeningen.

Jaap Spaans

Houten 2010

© 2010 Bohn Stafleu van Loghum, onderdeel van Springer Media

Alle rechten voorbehouden. Niets uit deze uitgave mag worden verveelvoudigd, opgeslagen in een geautomatiseerd gegevensbestand, of openbaar gemaakt, in enige vorm of op enige wijze, hetzij elektronisch, mechanisch, door fotokopieen of opnamen, hetzij op enige andere manier, zonder voorafgaande schriftelijke toestemming van de uitgever.

Voor zover het maken van kopieën uit deze uitgave is toegestaan op grond van artikel 16b Auteurswet j° het Besluit van 20 juni 1974, Stb. 351, zoals gewijzigd bij het Besluit van 23 augustus 1985, Stb. 471 en artikel 17 Auteurswet, dient men de daarvoor wettelijk verschuldigde vergoedingen te voldoen aan de Stichting Reprorecht (Postbus 3051, 2130 KB Hoofddorp). Voor het overnemen van (een) gedeelte(n) uit deze uitgave in bloemlezingen, readers en andere compilatiewerken (artikel 16 Auteurswet) dient men zich tot de uitgever te wenden.

Samensteller(s) en uitgever zijn zich volledig bewust van hun taak een betrouwbare uitgave te verzorgen. Niettemin kunnen zij geen aansprakelijkheid aanvaarden voor drukfouten en andere onjuistheden die eventueel in deze uitgave voorkomen.

ISBN 978 90 313 8548 5
NUR 777

Ontwerp omslag: Agraphics design, Anita Amptmeijer – BNO
Ontwerp binnenwerk: Studio Bassa, Culemborg
Automatische opmaak: Crest Premedia Solutions (P) Ltd, Pune, India

De mislukte fee (p. 8) Copyright © 1956 by the Estate of Annie M.G. Schmidt

Bohn Stafleu van Loghum
Het Spoor 2
Postbus 246
3990 GA Houten

www.bsl.nl

Inhoud

	De mislukte fee	8
	Inleiding	11
I	MERK DAT DE OPLOSSING DE KWAAL IS	15
1	De deur openzetten	17
2	Denk niet aan witte beren	20
3	De neerwaartse spiraal	23
4	Kijk uit voor sabeltandtijgers	30
5	Therapie doorlichten	34
II	ERVAAR PIJN ZOALS DIE IS	37
6	Drijven op drijfzand	39
7	Stoppen met touwtrekken	44
8	Zet de radio niet zachter	48
9	Henk van der Leed op je feest	51
10	Een zee van ruimte	54
III	ONTDEK JE LEVENSWAARDEN	57
11	Zin in je leven krijgen	59

12	Bakens opzoeken	62
13	Je uitvaartdienst bijwonen	68
14	Koers kiezen	70
IV	**WEES AANDACHTIG**	73
15	De snelweg verlaten	75
16	Meekijken vanachter je ogen	80
17	Zijn waar je nu bent	84
18	Luisteren naar het lichaamsorkest	88
19	Emoties welkom heten	93
V	**KOPPEL GEDACHTEN LOS (DEFUSIE)**	99
20	Door de lens van je gedachten kijken	101
21	Gedachten erkennen als gedachten	104
22	Schitterende verhalen doorzien	107
23	De gedachtewaarnemer zijn	109
24	Je geest bedanken	113
25	Zeg het nog eens	115
26	Niet met je neus er te dicht bovenop	118
27	Doe die gedachte in je zak	121
28	Pijngedachten voorbij zien trekken	123
29	Op de tribune plaatsnemen	127
30	Winkelen in je geest	129

VI	ONDERNEEM ACTIE VANUIT JE HART	133
31	Natte voeten krijgen	135
32	Ontdek de 'maren'	138
33	De kunst van het reizen	140
34	De zee op met radio 'Kommer en Kwel'	144
35	Rotsen en stroomversnellingen voorzien	147
	Dankwoord	153
	Literatuur	155
	Bronnen van metaforen	157
	Over de auteur	160

De mislukte fee

Uit: Annie M.G. Schmidt: *Op visite bij de reus*. Amsterdam: Arbeiderspers, 1956.

Er was er 's een moeder-fee.
En had ze kindertjes? Ja, twee.
Twee kleine feeënkindertjes
met vleugeltjes als vlindertjes.
Ze waren beiden mooi en slank,
maar 't ene kind was lelieblank,
zoals de feetjes wezen moeten
en 't andere kind zat vol met sproeten.

De moeder was heel erg ontdaan.
Ze waste 't kind met levertraan,
met katjesdauw, met tijgermelk,
ze doopte 't in een bloemenkelk,
maar 't hielp geen steek, o nee, o nee,
het was en bleef een sproetenfee.

M'n dochter, zei de moeder toen,
nu kan ik niets meer aan je doen.
Je bent als fee (zacht uitgedrukt)
volledig en totaal mislukt.

Ga naar de koning Barrebijt
en zeg daar: Uwe Majesteit,
m'n moeder doet de groeten.
Ik ben een fee met sproeten.

Wellicht neemt koning Barrebijt
je dan in dienst als keukenmeid.

Die man heeft altijd wel ideeën
voor min of meer mislukte feeën.

Het feetje ging direct op weg.
Het sliep 's nachts in de rozenheg
en 't prevelde de hele tijd:
O Sire, Uwe Majesteit,
m'n moeder doet de groeten.
Ik ben een fee met sproeten.

En toen ze aankwam in de stad
stond ze te trillen als een blad.
De koning opende de deur
en zei: Gedag, waar komt u veur?

En wit van zenuwachtigheid
zei 't feetje: Uwe Majesteit,
m'n moeder doet de groeten.
Ik ben een spree met foeten.

Wel, sprak de koning heel beleefd,
ik zie wel dat u voeten heeft,
maar u bent, op mijn oude dag,
de eerste spree die ik ooit zag.

Toen heeft hij dadelijk gebeld
en 't hele hof kwam aangesneld.
De koning zei: Dit is een spree.
Iets héél bijzonders. Geef haar thee
en geef haar koek. En geef haar ijs.
Ze blijft hier wonen in 't paleis.

Nu woont het feetje al een tijd
aan 't hof van koning Barrebijt
en niet als keukenmeid, o nee!
Ze is benoemd tot opperspree.

Ze heeft een gouden slaapsalet
en gouden muiltjes voor haar bed.
En alle heren aan het hof
die knielen voor haar in het stof.

*Waaruit een ieder weer kan lezen
dat men als fee mislukt kan wezen
maar heel geslaagd kan zijn als spree.
Dit stemt ons dankbaar en tevree.*

Inleiding

Veel Nederlanders lijden aan langdurige pijn. Voorzichtige schattingen spreken van ten minste tien procent van de bevolking. Het zijn niet alleen ouderen die dagelijks pijn hebben. Chronische pijn komt voor bij mensen van alle leeftijden, ook bij jongeren. Je kunt van chronische pijn spreken als je langer dan een half jaar vrijwel dagelijks pijn ervaart. Chronische pijn in het houdings- en bewegingsapparaat zoals rugpijn komt het meest voor in Nederland. Hoofdpijn, waaronder migraine, komt op de tweede plaats. Andere veelvoorkomende langdurige aandoeningen die met pijn gepaard gaan zijn nek-schouderproblemen, fibromyalgie, whiplash, rsi, prikkelbaredarmsyndroom, bekkeninstabiliteit, posttraumatische dystrofie, reuma, aangezichtspijn, postoperatieve pijn, neuropathische pijn en andere chronische aandoeningen.

Als je uit alle macht probeert je niet gewonnen te geven en 'gewoon door te gaan' ondanks de chronische pijn ben je niet de enige. Heel veel mensen doen dat. Er is ook een aanzienlijke groep patiënten die bang is voor de pijn. Zij proberen daarom pijnprikkels te vermijden. In beide gevallen probeert men pijn uit te schakelen. Dit is een voor de hand liggende reactie. Pijn is immers het signaal dat er iets aan de hand is. Het meest logische en praktische om te doen is op zoek gaan naar wat eraan schort en dat verhelpen. Tegelijkertijd start dan het gevecht met de pijn, want je moet ook door met je leven. Dat zoeken naar de oplossing duurt weken, maanden, en vaak jaren, bij chronische pijn. Ondertussen houdt het gevecht aan. De worsteling eist op den duur zijn tol. Door het gevecht ontstaan er tal van extra problemen zoals stress, wanhoop, somberheid en toenemende beperkingen. Op den duur ervaar je niet alleen pijn, je *lijdt* eronder.

Dit boek gaat daarom niet over vechten tegen pijn. Het gaat over stoppen met lijden aan pijn door *niet* te vechten. Het alternatief voor vechten draait om:
– herkennen dat je vecht en er dan mee stoppen
– bereid zijn pijn en andere ervaringen te beleven zoals deze zich op dát moment aan je voordoen (aanvaarden)

- aandachtig zijn voor je eigen ervaringen inclusief de pijn
- herkennen dat gedachten over pijn niet meer zijn dan gedachten
- acties ondernemen in de richting van je levenswaarden.

Met deze benadering ervaar je weer ruimte voor nieuwe mogelijkheden naast de pijn. Je krijgt weer zin in je leven.
Pijn is een negatieve ervaring. Daarom is het in eerste instantie moeilijk te aanvaarden. Bovendien klinkt het woord 'aanvaarden' menigeen negatief in de oren. Misschien denk je aan 'je erbij neerleggen' of 'passief over je heen laten komen'. Maar in dit boek versta ik er heel iets anders onder. Aanvaarden kun je vergelijken met drijven op drijfzand. Als je per ongeluk in drijfzand raakt, werkt hard trappelen en spartelen met armen en benen averechts. Op drijfzand kun je je beter rustig laten drijven. Je doet er goed aan je handen en benen uit te strekken zodat je over een zo groot mogelijk oppervlak contact maakt met het zand. Door aandachtig de pijn waar te nemen en je gedachten en gevoelens te onderkennen, ga je juist niet ten onder aan de pijn. Je verspilt geen kostbare energie meer aan het gevecht, maar je zoekt nieuwe zinvolle uitdagingen. Niet ondanks de pijn, maar samen met de pijn.
In dit boek probeer ik aan te geven hoe de kwaliteit van je leven met chronische pijn bepaald wordt door hoe je zelf met de pijn omgaat. Aanvaarden is daarbij cruciaal. Dat betekent overigens niet dat pijn 'dus wel meevalt' of dat pijn zelfs fijn zou kunnen zijn. Ook niet dat je er geen moeite meer mee moet hebben. Helemaal niet. De boodschap is: 'Chronische pijn is nu eenmaal een negatieve ervaring. Als je stopt ertegen te vechten kun je een heel boeiend en zinvol leven leiden.'
Dit boek is ook erg geschikt voor de grote groep patiënten met 'onvoldoende verklaarde chronische pijn'. Voor hen is aanvaarden van pijn misschien wel extra moeilijk. Zij hebben echte pijnklachten maar er is geen voldoende duidelijke lichamelijke afwijking gevonden. Voorbeelden zijn onvoldoende verklaarde hoofdpijn, lagerugpijn, buikklachten, spierpijn of nekpijn. Juist omdat onze cultuur uitgaat van medische verklaringen voor vrijwel alle lichamelijke problemen blijf je misschien eindeloos zoeken naar een verklaring. Wanneer je die verklaringen of oplossingen niet vindt, heb je steeds meer de neiging pijn te verwerpen, met alle negatieve gevolgen van dien. Dit boek helpt je om de onverklaarde pijn te aanvaarden en een waardevolle manier van leven te (her)vinden.
In dit boek ben ik uitgegaan van mijn ervaring als klinisch psycholoog. Ik werk sinds 2005 als klinisch psycholoog en behandelverantwoordelijke bij het topklinische behandel- en kenniscentrum Altrecht psy-

chosomatiek (voorheen centrum de Eikenboom) in Zeist. Ik ben direct betrokken bij de behandeling van patiënten met chronische pijn. Ik zie dagelijks hun worsteling. Vrijwel alle patiënten die ik begeleid, hebben voorheen meerdere (soms talloze) therapieën voor pijnreductie gehad, die uiteindelijk niet bleken te helpen. De behandeling in Zeist baseert zich daarom grotendeels op 'stoppen met vechten' en je richten op waar het in je leven echt om draait. Patiënten die achteraf tevreden zijn met de behandeling rapporteren niet zozeer de pijnreductie als belangrijkste ervaring. Zij vonden een nieuwe houding ten opzichte van de pijn en leerden te leven vanuit hun persoonlijke levenswaarden. De kwaliteit van hun leven blijkt daarmee opvallend verbeterd. Dit sluit aan bij resultaten van wetenschappelijke onderzoeken die aantonen dat aanvaarden en aandachtig zijn (of *mindfulness*) je leven met chronische pijn aanzienlijk kunnen verbeteren.

In de behandeling baseer ik mij op de methode van de *Acceptance and Commitment Therapy* (ACT). Deze methode is ontwikkeld door de Amerikaanse psycholoog Steven Hayes en is in Nederland in opkomst. De ACT-methode wordt erkend door verschillende professionele beroepsverenigingen, universiteiten en behandelinstellingen. Hij blijkt mensen met chronische pijn goed te kunnen helpen. Kern van de ACT-filosofie is dat vechten tegen onvermijdelijke zaken, zoals pijn, uiteindelijk ten koste gaat van een waardevol leven. Je leert ervan hoe je niet bekneld raakt in je eigen innerlijke ervaringen, maar je levenswaarden blijft volgen. Langdurige pijn zou je als lezer van dit boek kunnen beschouwen als een leraar voor deze levensles. De literatuur over ACT vormt een rijke bron van aansprekende metaforen waarvan ik dankbaar gebruik heb gemaakt (zie 'Bronnen van de metaforen' achter in dit boek).

Dit boek bestaat uit de volgende zes delen:

I   Hoofdstuk 1 t/m 5: *Merk dat de oplossing de kwaal is*,
    over waarom pijn wegduwen uit je leven op de lange duur niet werkt.

II Hoofdstuk 6 t/m 10: *Ervaar pijn zoals die is*,
    over het tegenovergestelde van vechten tegen pijn: bereid zijn om de pijn waar te nemen en toe te laten.

III Hoofdstuk 11 t/m 14: *Ontdek je levenswaarden*,
    over hoe je met de pijn weer zin in je leven kunt krijgen. Hier kun je er stil bij staan welke kant je met je leven op wilt als je niet meer vecht tegen de pijn.

IV Hoofdstuk 15 t/m 19: *Wees aandachtig*,
    over hoe je aandachtig kunt zijn voor je eigen ervaringen.

V   Hoofdstuk 20 t/m 30: *Koppel gedachten los (defusie)*
over hoe gedachten, beelden en herinneringen die met pijn te maken hebben veel meer invloed hebben als je niet onderkent wat ze zijn: innerlijke ervaringen en niet de werkelijkheid. Hier vind je tal van oefeningen waarmee je je gedachten kunt loskoppelen van de pijn, van je gedrag en van jezelf.

VI Hoofdstuk 31 t/m 36: *Onderneem actie vanuit je hart*,
over hoe je zinvolle acties kunt ondernemen om een waardevol en bevredigend leven op te bouwen.

Dit boek is in de eerste plaats een zelfhulpboek voor mensen met chronische pijn. Maar therapeuten en direct betrokkenen kunnen het ook lezen om meer begrip te krijgen van de worsteling van pijnpatiënten en om mee te denken met een alternatief voor vechten. Het boek is ook heel goed te gebruiken bij een therapie voor chronische pijn.
Het boek bevat uitspraken van patiënten met chronische pijn. Deze zijn aan de praktijk ontleend, afkomstig uit boeken of overgenomen van internet. Namen zijn uiteraard veranderd en sommige gegevens gewijzigd om anonimiteit te waarborgen.
Iets wezenlijks veranderen in je leven gebeurt niet alleen door een boek te lezen. Concrete nieuwe ervaringen zijn belangrijk. Het is net als leren fietsen: je kunt er een boek over lezen, maar echt fietsen leer je door het te doen. Zie het daarom als een uitdaging de oefeningen en tips in dit boek daadwerkelijk in de praktijk te brengen.

Ik hoop van ganser harte dat je door dit boek weer volmondig 'ja' tegen je leven zegt. Niet ondanks de pijn, maar *samen met* de pijn.

Jaap Spaans, Utrecht 2010

I   Merk dat de oplossing de kwaal is

I De deur openzetten

Pijn als een persoonlijke ervaring zien

Waar zit de pijnknop? Deze vraag houdt menig pijnpatiënt bezig. Maar pijn kun je niet zo maar naar believen aan- of uitzetten. Pijn hoort bij je leven zoals de wolken bij de lucht en de golven bij de zee. Alhoewel je brein roept: 'Nee, ik wil dit niet', hoort pijn wel bij het leven. Pijn is namelijk een noodzakelijk teken dat er iets aan de hand is in je lichaam. Het vraagt je te stoppen met wat je doet, na te gaan wat er aan de hand is, en actie te ondernemen om lichamelijke schade te beperken.

De *International Association for the Study of Pain* definieert pijn als 'een onaangename zintuiglijke en emotionele ervaring als gevolg van een reële of potentiële "weefselbeschadiging"'. Naast de zintuiglijke pijnervaring is er dus de emotionele of innerlijke pijnervaring. Als je vinger tussen de deur komt ervaar je een diepe drukkende pijn. Er is ook een innerlijke reactie zoals de gedachte 'wat ben ik toch een uilskuiken'. Je wordt boos en dat kleurt je pijnbeleving.

Pijndeskundigen zijn het erover eens dat je innerlijk minstens zoveel invloed op de pijn heeft als de pijnprikkel zelf. Pijn is een heel persoonlijk gevoel. Hoe de een het boren bij de tandarts beleeft kan heel anders zijn dan hoe de ander dat zelfde boren ervaart. Hoe gevoelig ben je voor pijn? Denk je dat de tandarts een rotzak is? Ben je bang? Dat kan allemaal van invloed zijn op hoe je de pijn ervaart. Pijn is dus altijd persoonlijk. Er is maar één persoon die kan bepalen wat voor pijn je hebt. Dat ben jijzelf. 'Ja, dat is logisch, zul je misschien denken. Maar het is knap ontluisterend als anderen niet begrijpen hoeveel pijn je hebt. Als die ander een partner, vriend(in) of de dokter is, liggen woede en machteloosheid al snel op de loer. Anderen kunnen helaas jouw pijn niet objectief waarnemen ook al zouden ze dat willen. Zij kunnen zich hooguit een voorstelling van de pijn proberen te maken, en zich inleven, maar een objectieve pijnmeter bestaat niet. Alleen jouw subjectieve pijnmeter kan uitdrukken hoe jij de pijn zelf beleeft. Wil je anders omgaan met pijn? Dan is het verstandig ook aandacht te besteden aan je persoonlijke beleving van pijn, dus aandacht op te brengen voor 'wat voel ik nu?' en 'wat denk ik nu?'. Menig chronische-pijnpatiënt houdt daar helemaal niet van.

> Ria (chronische spierpijn): Ik kan altijd iedereen opbeuren. Ze noemen mij wel eens gekscherend 'moeder Teresa'. Dan moet ik lachen. Maar waar ik niet tegen kan is als ze het over mij willen hebben. Dan zeg ik maar snel 'Oh, goed hoor'. Ze moeten bij mij niet aankomen met vragen zoals 'hoe voel jij je?', 'wat gaat er door je heen?' Dan ben ik weg.

Anders omgaan met chronische pijn begint met de vraag of je bereid bent de deur open te zetten voor je persoonlijke ervaringen. Misschien zegt je brein 'Ik heb al zoveel pijn, dit kan ik er niet bij hebben'. Of 'Laat me met rust'. Maar waarom zou je niet iets nieuws proberen? Pijn proberen weg te werken met medicijnen of andere therapieën die directe pijnreductie beloven kan altijd nog. Waarom zou je niet eens uit een ander vaatje tappen? De vraag die je jezelf dus zou kunnen stellen is: 'Ben ik bereid mijn persoonlijke ervaringen centraal te stellen en te onderzoeken? En ook: 'Ben ik bereid zelf aan de slag te gaan en daarmee zelf verantwoordelijkheid te nemen voor de pijnbeleving?'

Ben je benieuwd hoe het is om je aandacht te richten op innerlijke zaken zoals je persoonlijke beleving van de pijn? Stel de vragen in onderstaand onderzoekje eens aan jezelf.

Zelfonderzoek

Ben ik bereid met persoonlijke ervaringen aan de gang te gaan?
Kijk eens hoe je reageert op vragen zoals:
- Hoe voelt de pijn nu?
- Wat gebeurt er nu in je geest als je bij de pijn stilstaat?
- Welke emoties heb je nu?
- Welke gedachte gaat er nu door je heen?
- Ben je deze pijn nu aan het wegdrukken?
- Hoe voelt je lichaam nu?
- Wat is nu jouw diepere verlangen?
- Wat zeg je nu tegen jezelf?

Houd je echt niet van stilstaan bij jezelf? Beschouw het dan als een experiment dat je met jezelf aangaat. Hoe vaak heb je al niet iets meegemaakt dat op het eerste gezicht niets leek en later van onschatbare waarde bleek?

Lees in het volgende hoofdstuk wat er in je geest gebeurt als je persoonlijke ervaringen rondom pijn probeert weg te drukken; hoe pijn ervaren dan pijn lijden wordt.

Denk niet aan witte beren

Het gevolg van gedachteonderdrukking

Pijn uitbannen is een vanzelfsprekende behoefte. Je puzzelt je suf hoe je pijn de deur uit kunt werken. Maar wat blijkt? Hoe meer je pijn probeert te verdrijven hoe vaker je eraan moet denken. Beroemd in dit verband is het psychologische experiment van gedachteonderdrukking, waarin proefpersonen werd gevraagd niet aan witte beren te denken. Wat bleek? De proefpersonen hielden dat even vol maar daarna kwamen gedachten aan witte beren extra hard in hun gedachtewereld terug. Probeer het zelf maar eens met een ander idee: stel jezelf een knalgele jeep voor. Probeer daar vijf minuten niet aan te denken. Je zult waarschijnlijk merken dat je er toch vaak, hoe vluchtig ook, aan hebt gedacht. Sterker nog, hoe meer je er niet aan probeert te denken des te vaker vliegt de gedachte aan die knalgele jeep door je hoofd. Juist wat je diep van binnen niet wilt ervaren, krijg je dubbel en dwars terug! Er zijn intussen voldoende bewijzen dat het bij chronische pijn ook zo werkt.

Alles wat uitgaat van de gedachte dat pijn er niet moet zijn, komt als een boemerang terug in je bewustzijn. In je achterhoofd komt namelijk een mechanisme op gang dat bewaakt of je toch niet aan pijn denkt. Onbewust ben je zodoende eigenlijk de hele tijd met niets anders dan met pijn bezig. Zo wordt pijn versterkt.

> Els (24 jaar, sinds drie jaar fibromyalgie): Ik kan niet meer werken en zelfs mijn oefeningen niet meer doen. Ik durf niet naar het koor. Ik denk de hele dag aan pijn. Mijn wereld is daardoor heel klein geworden. Mijn vriend zegt: 'Je bent er te veel mee bezig.' Dat denk ik ook. Dus probeer ik er zo min mogelijk aan te denken, maar het houdt mij toch de hele dag bezig.

Innerlijke ervaringen, zoals gedachten, gevoelens, neigingen, herinneringen, beelden, kun je niet onder directe controle houden zoals dat bij allerlei dagelijkse praktische problemen wel kan. Zit je thuis op de bank en heb je het koud? Zet de centrale verwarming hoger en in een mum van tijd heb je het probleem onder controle. Nog een voorbeeld: regent het en wil je niet nat worden? Blijf dan gewoon thuis of zet een paraplu op. Maar persoonlijke innerlijke ervaringen zoals gedachten of gevoelens kun je niet uitzetten of van je afhouden. Pijn is voor een groot deel een innerlijke ervaring. Door pijn niet te willen ervaren, gaat hij een steeds grotere en negatievere rol spelen. Het maakt van pijn hebben, pijn lijden.

Als pijn uitbannen op den duur je levensinvulling wordt, gaan angst en paniekklachten ook een rol spelen. Je voelt je bang als je pijn ervaart. Menigeen spreekt zichzelf dan toe: 'Niet bang zijn voor de pijn! Ontspannen!' Maar als je je ontspant omdat je de angst niet wilt voelen, ervaar je waarschijnlijk het omgekeerde effect, net als bij 'denk niet aan witte beren'. Juist wat je niet wilt ervaren, krijg je dubbel en dwars! Zo blijf je in cirkels ronddraaien.

Om te ervaren hoe gedachteonderdrukking werkt bij chronische pijn kun je de volgende oefening doen.

> **Oefening**
>
> *Het gevolg van gedachteonderdrukking bij pijn ervaren*
> - Schrijf een gedachte op die je vaak hebt over de pijn.
> - Probeer er vijf minuten niet aan te denken.
> - Noteer hoe vaak je eraan moest denken.
> - Probeer nu vijf minuten aan alles te denken wat je maar wilt, inclusief die gedachte over pijn.
> - Hoe vaak heb je deze gedachte nu gehad?

Onderdrukken van je pijnbeleving werkt dus niet. Je krijgt steeds meer last en je wordt op den duur angstig, somber en onzeker. Pijn ervaren wordt pijn lijden. Beter is het om je bereidheid te vergroten om pijn echt te beleven zoals die op het moment zelf is. Heel eerlijk zijn en de pijn, hoe naar die ook is, toelaten in je bewustzijn door je aandacht erop te durven richten.

Je brein is uit op directe verlichting en geeft signalen zoals 'niet op letten, dan gaat het wel over'. Of je brein produceert de gedachte: 'vecht ertegen, anders ben je een slappeling'. Dit soort gedachten noemen we pijngedachten. Als je pijngedachten te serieus neemt, is je aandacht heel vaak bij de pijn. Je hebt steeds minder ervaringen die je leven de moeite waard maken. Een naar idee? Misschien wel, maar is het daarom juist niet goed om te verkennen hoe dit precies werkt? Dat staat in het volgende hoofdstuk.

3 De neerwaartse spiraal

Hoe pijn ervaren pijn lijden wordt

Bij acute pijn stellen we alles in het werk om zo snel mogelijk van de pijnprikkel af te komen. Verbrand je je hand onder de hete kraan? In een reflex trek je zo snel mogelijk je hand terug. Bij chronische pijn is het vaak niet duidelijk wat de pijnprikkel is of er valt niet veel aan te veranderen. Maar die terugtrekreflex is er wel. Je brein blijft zeggen dat die pijn weg moet en wel meteen. Dus ga je als je gelooft wat je brein je ingeeft je eigen pijnbeleving ontwijken. Zo kom je in een neerwaartse spiraal die uiteindelijk ertoe leidt dat je het spoor in je leven bijster raakt (zie figuur 3.1).

Pijn niet aanvaarden: hem niet willen ervaren

De vanzelfsprekende ontwijkende houding die veel mensen tegenover chronische pijn aannemen, komt vaak voort uit een diepgewortelde overtuiging dat het zo snel mogelijk moet ophouden. De pijn moet weg want er is immers geen duidelijke pijnprikkel. De pijn houdt veel te lang aan. Je begint dus je innerlijke worsteling en pijn is je vijand. Je bent absoluut niet bereid de pijn te ervaren zoals die nu is. Hij moet verslagen worden.

Pijngedachten

Dit zijn gedachten die je brein produceert als je pijn ervaart. Het zijn je gedachten die het gevecht met pijn aangaan. Je geest probeert pijn te bevechten, vermijden, onderdrukken en controleren. Hij produceert allerlei verklaringen en analyses met als doel de pijn te verminderen of te voorkomen. Vooral als het gaat om onverklaarde pijn kan onze geest eindeloos blijven zoeken. In de strijd met de pijn verhardt de geest zich en denkt steeds meer in termen van 'moeten': 'de pijn *moet* nu ophouden' en 'ik *moet* niet op de pijn letten maar gewoon doorgaan'. Dit soort gedachten lijken op een soort opdrachten. Je geest blaast de pijn ook op tot een ramp en je denkt: 'dit is een verschrikkelijk drama'.

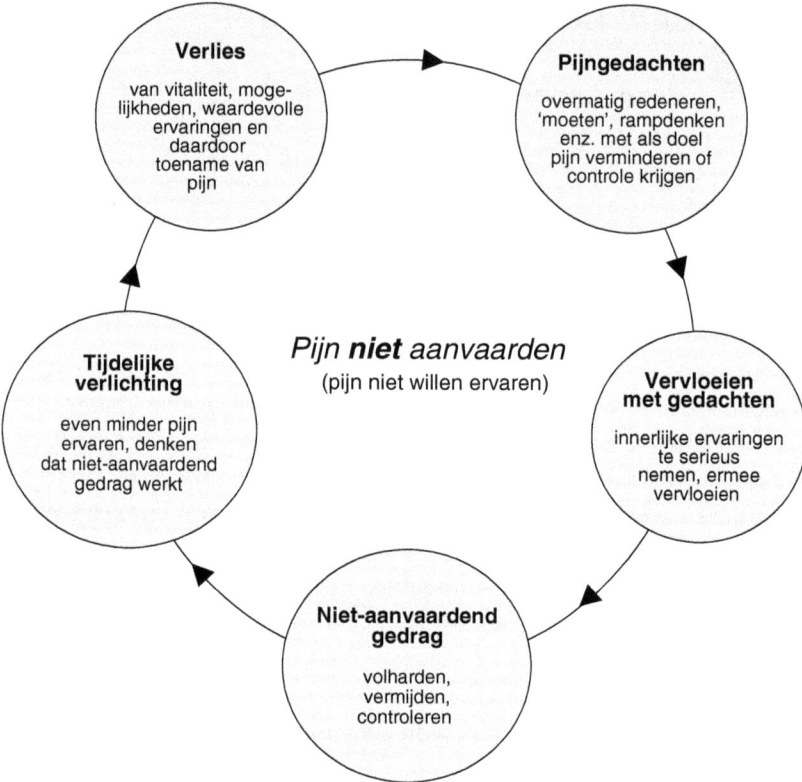

Figuur 3.1 Gebaseerd op Dahl e.a., 2005

Je geest produceert ook beelden die een onheilspellend karakter hebben zoals pijn als een monster of een verschrikkelijke ramp die staat te gebeuren. Je lijdt steeds meer. Op den duur bijt je geest zich helemaal vast in de strijd. Hij produceert steeds meer negatieve gedachten en beelden zoals 'mijn leven is niets meer waard'.

Vervloeien

Je gaat zo op in je pijngedachten dat je niet meer beseft dat het maar gedachten zijn. Je houdt ze voor de werkelijkheid. Je ziet de gedachte 'dit is een drama' niet meer als een gedachte, je gelooft dat je leven werkelijk een drama is. Dus je wordt één met je gedachtewereld.
Je 'kijkt' alleen nog maar door de pijnbril en je beseft niet dat die op je neus staat. Je realiseert je niet meer dat je de pijnbril ook af kunt zetten, ernaar kunt kijken, en zelf kunt kiezen of je hem opzet of niet. Alles bezie je vanuit de pijn. Je denkt niet alleen 'pijn komt niet van pas, ik moet nu gewoon doorgaan', je ziet werkelijk alleen nog maar de

mogelijkheid om ondanks de pijn gewoon door te gaan. Zo vervloeien je gedachten met de werkelijkheid en met wat je doet. Je beseft ook niet meer dat je angstgedachten hebt en een angstig gevoel hebt. Je ziet alleen een wereld vol gevaar. Misschien denk je nu 'maar daar kan ik toch ook niets aan doen?' Het vervloeien met je gedachten gebeurt inderdaad automatisch, meestal zonder dat je het doorhebt. Daarom is het zo belangrijk het te onderkennen.

Het vervloeien met gedachten (in dit boek ook fusie genoemd) wordt op den duur steeds sterker:
- omdat pijngedachten niet van ophouden weten. Het is een natuurlijke neiging van onze geest om te blijven vechten;
- omdat strijd mensen blind maakt voor hun eigen geest. Je beseft steeds minder dat pijngedachten maar gedachten zijn;
- doordat je alles wat met pijn te maken heeft, wilt onderdrukken, dus ook de pijngedachten en pijnbeelden. Zo worden ze steeds sterker, zoals wanneer mensen niet aan witte beren mogen denken zij er juist steeds meer aan moeten denken.

Kortom je kunt één worden met gedachten, beelden, herinneringen en gevoelens die met pijn te maken hebben (fusie). Je verliest je in de pijn. Je verliest zo het directe contact met de rijkdom aan andere innerlijke ervaringen en met de wereld om je heen, en veel wat voor jou van grote waarde is.

Niet aanvaardend gedrag vermijden en controleren

Wat er in je geest gebeurt rondom pijn bepaalt je gedrag. Als je je gedachten letterlijk neemt, ga je automatisch over tot allerlei acties om de pijn eronder te krijgen. Je vermijdt situaties die meer pijn zouden kunnen geven. Je ontwijkt bijvoorbeeld werk, sport of contact met mensen. Als je wel pijn ervaart, probeer je jezelf af te leiden. Op den duur houd je alles om je heen en jezelf onder controle: 'Doe ik iets wat de pijn kan verergeren?' of 'Doet hij of zij iets wat bij mij pijn kan veroorzaken?' Allerlei dwangmatig gedrag volgt. Of het omgekeerde gebeurt: je gaat kost wat kost ondanks de pijn gewoon door. Je volhardt overdreven in je werk en dingen die nu eenmaal gedaan *moeten* worden en daarmee ga je ver over je grenzen.

TIJDELIJKE VERLICHTING
Volharden, vermijden en controleren geven in eerste instantie vaak even vermindering van de pijn. Als je bijvoorbeeld rugpijn hebt bij bewegingsoefeningen geeft het stoppen met oefenen directe verlich-

ting. Je ervaart opluchting en je geest zegt: 'stoppen met oefenen helpt tegen pijn'. Dit is echter misleidend, want je gaat zodoende allerlei bewegingen vermijden. Het is typisch een voorbeeld van 'de oplossing veroorzaakt het probleem'. De pijn neemt op de korte termijn wel af maar op de lange duur juist toe door het verlies aan conditie.

VERLIES

Op de lange duur treden allerlei beperkingen op. Door de pijn te vermijden krijgt hij steeds meer een negatieve betekenis. Op den duur word je er bang voor en durf je steeds minder te doen. Je conditie en vitaliteit verslechteren. Het gaat van kwaad tot erger. Ook als je steeds blijft volharden ondanks de pijn geeft dat problemen. Je overvraagt jezelf, wat met lichamelijke verslechtering en toename van pijn gepaard kan gaan. Je wordt steeds bozer of humeuriger en ontevreden met het leven dat je leidt. Je doet steeds minder dingen die van echte waarde zijn. Je verliest je werk, vriendschappen, hobby's. Je moet gebruik gaan maken van hulpmiddelen. Je inkomen gaat achteruit. Je stemming daalt. Je wordt steeds kwetsbaarder zowel lichamelijk, psychisch als sociaal. Kortom je verliest grip op je leven en op jezelf.

Het verschil tussen 'pijn ervaren' en 'pijn lijden'

De hele worsteling met pijn, zoals hem niet willen ervaren, opgaan in pijngedachten, vermijden, volharden, controleren en alles wat je hierdoor verliest, veroorzaakt veel lijden.
Pijnprikkels ontwijken is iets anders dan de pijnervaring zelf uit de weg gaan. Het verschil tussen die twee is wezenlijk. Pijnprikkels uit de weg gaan, is vaak nodig om te kunnen overleven. Maar pijn die er is niet willen ervaren veroorzaakt 'pijn lijden', een eindeloze lijdensweg. In boeken over ACT gebruiken auteurs daarom ook wel de termen 'schone pijn' en 'vuile pijn'. Schone pijn is de pure fysieke pijn, zoals een pijnlijke rug of een pijnlijke enkel. Vuile pijn is wat volgt als we pijn niet willen ervaren: het lijden.
De neerwaartse spiraal die we in dit hoofdstuk doornamen, is een vanzelfsprekende manier van reageren op chronische pijn. Denk dus niet: 'ik heb het totaal fout gedaan' of 'zie je wel wat ben ik toch stom'. Veroordeel jezelf niet! Je bent niet gek. Het is eerder een teken dat je reageert zoals vrij veel mensen doen. Maar er is ook een andere manier van chronische pijn benaderen, zie figuur 3.2.
Pijn aanvaarden geeft een opwaartse spiraal. Het ervaren van pijn zal ook dan tot pijngedachten leiden. Maar wat je daar tegenover zet is:
– Bereid zijn pijn te ervaren zoals deze op dat moment voor jou is.

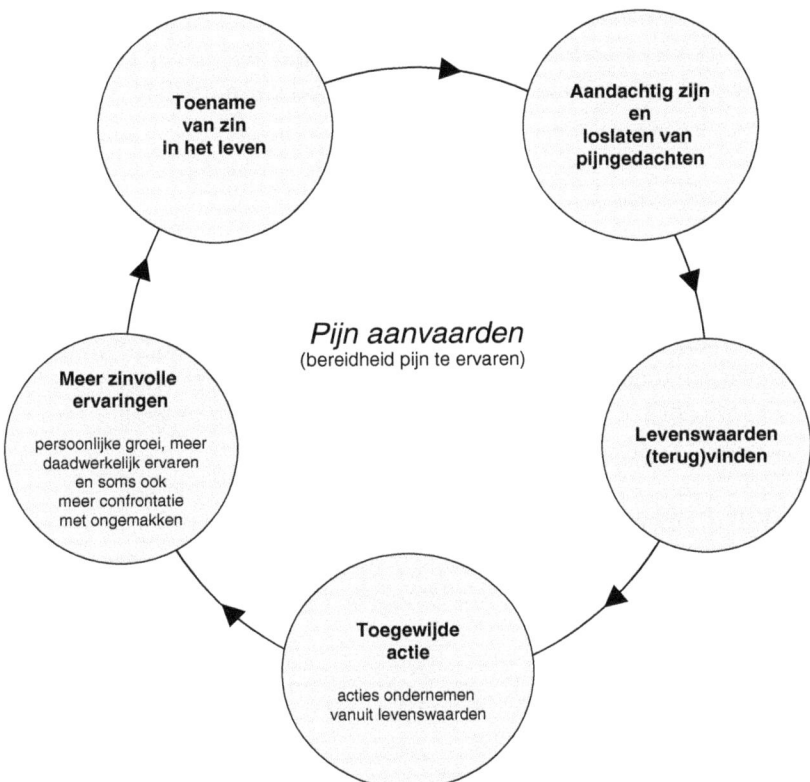

Figuur 3.2 Gebaseerd op Dahl e.a., 2005

- Aandachtig zijn voor persoonlijke ervaringen zoals pijn, pijngedachten, gevoelens, mentale beelden, herinneringen, enzovoort.
- Pijngedachten, beelden en herinneringen herkennen als gedachten en dan loslaten.
- Flexibel reageren, dus niet automatisch alleen maar vermijden of juist volharden. Vanuit een bereidheid pijn te ervaren aanvoelen wanneer je nog kunt doorgaan en wanneer je beter kunt stoppen met een activiteit.
- Toegewijde actie: acties ondernemen in het licht van je levenswaarden.
- De confrontatie met waardevolle situaties en ongemakken aangaan.
- Echt ervaren wat je meemaakt in plaats van er steeds over na te denken.
- Meer voldoening ervaren bij de dingen die je doet.

Misschien denk je nu: 'makkelijk gezegd, maar hoe doe je dat?' In de rest van dit boek gaan we hier uitgebreid op in.

Belangrijk is te herkennen of je in de negatieve spiraal dreigt terecht te komen. Probeer daarom nu eerst eens te kijken of je in bepaalde situaties die pijn oproepen in een negatieve spiraal komt of niet.

Zelfonderzoek

Herkennen van de neerwaartse spiraal
Neem een situatie in gedachte waarbij je pijn ervaart. Beschrijf wat je evaring is bij de onderstaande punten of kruis aan wat in jouw geval van toepassing is. Als je het moeilijk vindt deze vragen te beantwoorden betrek er dan iemand bij die je vertrouwt en neem samen de vragen door.

Welke pijngedachten, beelden of herinneringen ervaar je als je pijn voelt? Geef hierbij aan of de gedachte erop wijst dat deze de pijn wil onderdrukken, vermijden, voorkomen, of controleren.

_____

_____

_____

In hoeverre besef je dan dat bovenstaande innerlijke ervaringen alleen gedachten, herinneringen en beelden zijn en niet de werkelijkheid?
☐ Helemaal niet.
☐ Een beetje.
☐ Helemaal.

Wat ben je dan geneigd te doen?
☐ Volharden: niet op de pijn letten en gewoon doorgaan. Hoge eisen stellen.
☐ Vermijden. Situatie die pijn geeft uit de weg gaan.
☐ Veelvuldig controleren: mezelf en anderen overmatig in de gaten houden.
☐ Geen van de drie. Ik ben wel geneigd tot _____

Ervaar je dan pijnvermindering en opluchting?
☐ Ja, heel duidelijk.
☐ Een beetje.
☐ Nee.

Wat ben je op den duur kwijtgeraakt vanwege deze manier van omgaan met pijn? Denk aan energie, vitaliteit, waardevolle ervaringen, enzovoort.

_____

_____

_____

Neem verschillende situaties in gedachten die met pijn te maken hebben en beantwoord ook de bovenstaande vragen.

Als je de neerwaartse spiraal van vechten tegen pijn herkent, zou je kunnen denken 'ik ga het anders aanpakken'. Een loffelijk streven. Het is dan wel belangrijk te beseffen dat vechten tegen pijn een automatische reactie van je geest is. In het volgende hoofdstuk wordt uitgelegd hoe dat zit.

Kijk uit voor sabeltandtijgers

De evolutionair bepaalde overlevingsreactie

Waarom blijven we ronddraaien in dezelfde neerwaartse spiraal van vechten tegen pijn? We weten toch dat het niet werkt? De neiging om chronische pijn te onderdrukken, vermijden en controleren komt uit een heel diep gelegen gedeelte van je hersenen. Dat is het hersengebied dat heel sterk gericht is op overleven. Tijdens honderdduizend jaar evolutie heeft de mens allerlei extreme levensbedreigende situaties doorstaan zoals natuurrampen en de confrontatie met sabeltandtijgers, beren of de wolharige mammoet. We hebben geleerd niet het onderspit te delven als we met de dood werden bedreigd. Onze geest leerde zich instellen op *overleven! Niet gedood worden!* Door gevaren haarfijn in de smiezen te houden en dan te vluchten, vechten of juist even muisstil achter een bosje te blijven zitten, wist het menselijk ras uiteindelijk te overleven en zich te ontwikkelen tot wat het nu is. Dit mechanisme is verankerd in de diepere delen van onze hersenen en wordt nog steeds vrijwel automatisch ingeschakeld bij mogelijk gevaar, ook bij pijn. Onze geest beschouwt pijn als een direct gevaar. Als je in je overlevingsstand (vechtstand) staat, kun je pijn zelfs geheel uit je bewustzijn bannen. Denk maar eens aan soldaten die op het slagveld gewoon doorvechten ondanks een ernstige verwonding. Zolang ze vechten, voelen ze niets. Een ander voorbeeld is de sporter die met een blessure doorspeelt en pas na het fluitsignaal de pijn voelt. We kunnen pijn tijdelijk uitschakelen in geval van nood of als we iets ontzettend graag willen bereiken. Daarna komt hij direct of indirect weer terug. Het vechten, vluchten of verstijven bij gevaar is onderdeel van ons stresssysteem. Overleven betekent dat je stresssysteem wordt aangezet. Stress maakt ons alert en helpt ons om gevaar te onderkennen en dan de juiste reactie te vertonen. Ook nu in onze huidige maatschappij het gevaar van sabeltandtijgers en mammoeten allang geweken is, reageren we toch eerst met stress. We gaan vechten, vluchten of verstijven bij onverwachte problemen met een collega, of onze partner, of wanneer we te laat zijn voor de bus. Na honderdduizend jaar evolutie zegt je geest nu niet ineens: 'O, wacht eens even. Ik leef niet meer in een grot met wilde dieren om me heen. Ik zit hier lekker veilig in een centraal verwarmd huis. Ik hoef dat signaal van "kijk uit anders wordt je verslonden" niet meer te geven'. Zo werken de hersenen niet. Als je pijn ervaart, geven je hersenen nog steeds het diepgewortelde signaal 'ren weg anders pakt de pijn je' of 'vecht anders ben je er geweest'. Ook bij langdurige pijn volgen we automatisch deze weg. We schakelen de pijn automatisch uit zodra we denken in gevaar te zijn. Als we wel bij de pijn stilstaan, komt automatisch de boodschap 'kijk uit gevaar!' en voor we het weten onderdrukken we de pijn, we gaan vechten of vluchten of we verstijven. Chronische pijn benaderen we als een sabeltandtijger: zorgen dat je er zo snel mogelijk vandoor gaat anders ben je je leven niet zeker.

We hebben nog een andere ingeslepen overlevingsreactie: zorgen dat je bij de groep hoort. Tijdens de vele duizenden jaren van onze evolutie hebben we veel te danken aan samen met onze soortgenoten gevaren te lijf te gaan. Mensen zijn echte teamspelers. Duizenden jaren geleden al bouwden we samen stevige warme hutten tegen levensbedreigende kou en verzamelden we samen voedsel in het bos. We vochten samen tegen de mammoeten. Dankzij onze groepsgenoten overleefden we. Het menselijk ras vindt daarom het gezelschap van soortgenoten uit de eigen groep heel belangrijk en prettig. Het lichaam reageert fysiek positief op langdurige emotionele hechting aan anderen. Zo positief dat het zelfs pijn kan verminderen! Dicht bij iemand zijn van wie je houdt, kan pijn terugdringen. Een van de belangrijkste primitieve overlevingsmechanismen van de mens is dus zorgen dat je bij de groep hoort en uitkijken dat je niet verstoten wordt. Onze geest is heel alert op 'wat denken anderen van mij?', 'gedraag ik mij wel zoals anderen van mij verwachten?'. Zo druk je je eigen gevoelens en wensen weg. Als je dat doet met pijn en angst, of verdriet, houd je er veel langer last van. Net als wanneer je niet aan witte beren probeert te denken (zie ook hoofdstuk 2).

Kortom, wij zijn van nature zo gebouwd dat we bij pijn vaak ten onrechte denken dat er levensbedreigend gevaar is. Dan schakel je de pijn uit of je gaat automatisch vechten, vluchten of verstijven en je ervaart een stressreactie. Bij pijn zul je van nature ook veel meer bezig zijn met 'word ik niet afgewezen door anderen?' Dit zijn twee evolutionair bepaalde reacties die moeilijk uit te schakelen zijn.

Je kunt ze vergelijken met interessante prehistorische figuren die als buren af en toe bij je op bezoek komen voor een praatje en een kopje koffie. Je kunt ze maar het beste een beetje aanhoren en wat laten kletsen zonder je er te veel van aan te trekken. Jij leidt je eigen leven in het hier en nu van de eenentwintigste eeuw en jij kunt zelf bepalen wat waardevol is om te doen in je leven.

Om een zinvol leven op te bouwen met pijn is het belangrijk te onderkennen wanneer je geest je aanzet tot een van de hier beschreven eroude overlevingsmechanismen.

Tips

Herken 'stress' en 'je aan anderen aanpassen'
- Ga regelmatig na (een paar keer per dag) of je gestrest raakt van de pijn (zie tabel 1 voor tekenen van stress) want dan ben je waarschijnlijk aan het vechten of vluchten, verstijven of controleren.
- Ga ook regelmatig na wanneer je meer bezig bent met wat anderen willen dan met wat je zelf voelt, denkt of wilt.
- Herken beide reacties als een automatische overlevingsreflex van je geest. Vecht er niet tegen, neem het waar. Later in dit boek krijg je meer aanwijzingen hoe je ermee om kunt gaan. Voor nu is het voldoende als je het herkent.

Tabel 1 Tekenen van stress	
Lichamelijke tekenen van stress	**Innerlijke tekenen van stress**
gespannen spieren (zoals in nek en schouders)	angstig of bang gevoel
	innerlijke onrust
trillende spieren	opgejaagd gevoel
ongecontroleerde bewegingen	ongeduldig gevoel
pijnlijke spieren	opgejaagd gevoel
verkrampte spieren	gevoel weg te willen kruipen
een verkrampte houding	gevoel weg te willen rennen
rugpijn	steeds schrikken
drukkend gevoel in het hoofd	moeite met veranderingen
heel licht gevoel in het hoofd	angstige gedachten
pijn op de borst	lusteloosheid
snelle of onregelmatige hartslag	prikkelbaarheid
koude handen en voeten	piekeren
moeite met horen	somberheid
overmatig transpireren	concentratieproblemen
wazig zien	moeite iets te herinneren
koude ledematen	onzekerheid
zweten	besluiteloosheid
maagpijn	onwerkelijk voelen
buikpijn	heftige gevoelens zonder aanwijsbare reden
onrustige darmen	
duizeligheid	
misselijk gevoel	
evenwichtsproblemen	
gevoel flauw te vallen	
branderige ogen	
vermoeidheid	
brok in de keel	
opgeblazen gevoel in maag of buik	
ademnood of benauwd gevoel of kortademig oppervlakkig, snel of diep ademhalen	
slecht slapen	

Herken je inmiddels wanneer je aan het stressen bent en dus aan het vechten, vluchten, vermijden of controleren? Besef je al dat 'vechten tegen pijn' een evolutionair bepaalde reactie van je geest is die je ook kunt laten voor wat hij is? In het volgende hoofdstuk kun je onderzoeken welke behandelingen je tot nu toe allemaal vanuit de vechthouding hebt ondergaan.

Therapie doorlichten

Inventariseren wat niet helpt

Veel pijnpatiënten doorlopen allerlei behandeling om de pijn zo snel mogelijk de wereld uit te helpen. Hoeveel energie heb jij al niet besteed aan de achteraf gezien niet zo succesvolle poging de pijn onder controle te krijgen? Te veel? Het is net als in het zwembad een bal onder water verborgen willen houden. Hoe langer je dat doet en hoe dieper je de bal wegdrukt hoe meer moeite het je kost. Stoppen met de bal onder water te drukken kan een hele opluchting zijn.

Hoeveel waardevolle zaken zijn er verdwenen uit je leven omdat je je handen vol had aan het onder controle houden van de pijn? Als je bijvoorbeeld rugpijn hebt en een vriendin nodigt je uit voor een wandelingetje in de zon zegt je brein 'niet doen, vermijd de pijn' en je gaat niet. Je geest denkt achteraf 'goed zo, ik heb de touwtjes stevig in handen gehouden'. Je bent opgelucht dat je geen pijn kreeg door die wandeling. Dat is een prettige gewaarwording die je brein bekrachtigt om negatief te reageren op activiteiten die met pijn te maken hebben. Een volgende keer ga je weer niet mee. Zo isoleer je je steeds meer.

Had je het anders kunnen doen? Ja, je had ook kunnen nagaan of wandelen met vrienden je leven waarde geeft en dan afspreken wat voor soort wandeling er wél mogelijk is. Misschien een kort, langzaam ommetje?

Veel therapieën leren controle aan en het aanvaarden af

Veel therapieën en medicijnen versterken het idee dat jij *controle moet krijgen* over de pijn. Veel gebuikte medicijnen zijn pijnstillers (van lichte middelen zoals paracetamol tot zware middelen zoals morfine), ontstekingsremmers, spierverslappers, antidepressiva, epiduraal injecties (de ruggenprik) en zenuwblokkades. Niet-medicamenteuze behandelingen zijn bijvoorbeeld fysiotherapie, psychotherapie, ontspanningstherapie, hypnotherapie, cognitieve gedragstherapie, activiteitenopbouw (*Graded Exercise Therapy*) fysiofitness, psychomotore therapie, lichaamsgerichte psychotherapie (zoals Pessotherapie),

kunstzinnige therapie, gezinstherapie, alternatieve geneeswijzen, enzovoort. Behandelingen kunnen gepaard gaan met een opname in een ziekenhuis of een revalidatiecentrum.
Het effect van therapieën die zich richten op pijnreductie blijkt zeer beperkt. Daarom is het in veel gevallen beter om te investeren in het aanvaarden van de pijn en zo ruimte te creëren voor het opbouwen van een zinvol bestaan.

Van hopeloosheid naar creativiteit

Als pijnklachten aanhouden ondanks alle verwoede pogingen om ze op te lossen ontstaat bij veel mensen eerst verwarring en boosheid. 'Waarom moet mij dit overkomen?' 'Waar heb ik dit aan te danken?' Er ontstaan twijfels. 'Ben ik wel goed bezig?' 'Is er wel een oplossing voor mijn pijn?' Ontmoediging kan toeslaan als je geest roept 'ik kan er niet meer tegen'. Je ervaart dan hopeloosheid. Dit doet innerlijk veel pijn. Je bent prikkelbaar, maakt snel ruzie, hebt huilbuien en driftbuien of je kunt zelfs flink somber worden. Als je deze gevoelens aanvaardt als iets wat juist bij deze fase hoort, kun je ook belangrijke nieuwe inzichten opdoen. Je gaat zaken afwegen. 'Wat heb ik eigenlijk allemaal gedaan tegen de pijn?' 'Werkte het echt?' 'Wat wil ik met mijn leven?' Deze fase is confronterend, maar het is ook het stadium van creativiteit en van het besef dat je 'uit een ander vaatje wilt gaan tappen'.

Zet het zwart op wit

Met welk motief heb jij tot nu toe behandeling gezocht? Pijn reduceren of aanvaarden? Sta stil bij de behandelingen tot nu toe. In tabel 2 kun je invullen wat voor aanpak het was (naam/type) en wat de kenmerken waren: wat moest je doen en laten of welke ingreep of medicijnen werden voorgeschreven. Was de bedoeling pijnreductie? Sommige behandelingen richten zich indirect toch op pijnreductie ook al zegt men dat niet. Het advies om een andere houding aan te leren kan namelijk als doel hebben meer ontspanning te ervaren en dus minder pijn te hebben. De impliciete boodschap is dus: verdrijf de pijn.
Als je bent nagegaan wat de (indirecte) bedoeling was van de behandeling kun je constateren hoe effectief die was op de korte en op de lange termijn. Dan kun je kijken welke invloed de aanpak op den duur had op je kwaliteit van leven. Welke zinvolle, bevredigende activiteiten kon je erna weer uitvoeren? Ga ook na welke manier van met pijn omgaan je zelf hebt uitgeprobeerd. Schrijf ook daarvan op wat de aanpak inhield, wat de bedoeling was en wat de effecten waren. Misschien heb je

geprobeerd je te verdoven met alcohol of door veel te eten of door heel veel op de bank te liggen en tv te kijken. Of misschien heb je geprobeerd jezelf te verdoven door heel hard te werken.

Tabel 2	Overzicht (zelf)behandelingen van de pijn tot nu toe			
Type aanpak	Kenmerken en bedoeling	Kortetermijneffect	Langetermijneffect	Langetermijneffect op de kwaliteit van leven

Door deze tabel in te vullen kun je beoordelen of het controleren van pijn werkt. Wat zou er gebeuren als je stopt met controle houden, vermijden, worstelen en verzetten? Misschien hoor je je geest al protesteren: 'niet opgeven, dat is zwak'. Herken dit soort gedachten als de oeroude vechtreflex van je brein, die je niet altijd de goede kant opstuurt. Je hebt de keuze die reflex te volgen of het anders aan te pakken. In het volgende gedeelte van dit boek kun je lezen wat het inhoudt om te stoppen met vechten.

II Ervaar pijn zoals die is

6 Drijven op drijfzand

Wat is aanvaarden?

Pijn onderdrukken en vermijden is een natuurlijke reactie, maar neemt veel van je kostbare energie weg. Je krijgt langdurige stress, je voelt je uitgeput en je raakt de koers van je leven kwijt. Problemen nemen de overhand. Je kunt het vergelijken met uit alle macht uit drijfzand proberen los te komen. Wat gebeurt er als je driftig met je armen om je heen zwaait en met je benen trappelt? Je zakt steeds dieper weg. Het zand slurpt je op. Op drijfzand kun je je beter laten drijven en je armen en benen zo ver mogelijk uitspreiden.

Bij chronische pijn is het belangrijk dat je de realiteit van de pijn aanvaardt. De pijn is een feit, of je nu wilt of niet. Pijn is gewoonweg onplezierig. Je kunt je beter instellen op de onvoorspelbare, oncontroleerbare aard van de pijn en van je innerlijke reacties. Pijn kan namelijk van dag tot dag erg variëren. Je kunt dit beter allemaal ervaren zoals het op dat moment is. Veel mensen met chronische pijn vinden dat in eerste instantie ondenkbaar.

> Maria (38 jaar, chronische bekkeninstabiliteit): Het woord 'accepteren' kwam in mijn woordenboek niet voor. Ik heb altijd pijn in mijn bekken. Soms heb ik een rolstoel nodig. Maar jarenlang heb ik gedacht 'dit zal ik nooit van mijn leven accepteren'. Liever strijdend ten onder dan als een zwakkeling het gevecht opgeven. Ik probeerde dus steeds ergens anders aan te denken en gewoon door te gaan. Achteraf gezien mishandelde ik mezelf toen eigenlijk. Ik maakte de pijn alleen nog maar erger.

Maria vond het zwak om haar pijn te aanvaarden. Het klonk haar negatief in de oren. Klinkt het voor jou ook negatief? Denk je misschien 'ik ga me echt niet neerleggen bij deze pijn' of 'ik vertik het om als een slachtoffer bij de pakken neer te gaan zitten'? Beschouw dit als een gebruikelijke reactie van de geest als het om aanvaarden gaat. Je geest wil liever vechten. Besef dit en weet wat aanvaarden echt betekent. Aanvaarden betekent accepteren en dat woord komt van het Latijnse 'capere', dat 'pakken' betekent. Je kunt dit opvatten als 'ontvangen' of 'aanpakken wat je geboden wordt'. Dit onderschrijft het idee dat je om iets te kunnen aanpakken maar beter kunt erkennen dat het er nu eenmaal is. Als je iets wegdrukt, of van je afduwt, kun je het nooit goed aanpakken. Als je iets ontkent of bevecht, zie je meestal alleen de negatieve kant ervan. Bij aanvaarden zie je alle kanten van een probleem. Iedere betekenisvolle verandering in je leven begint meestal met echt aanvaarden van hetgeen je wilt veranderen. Wil je minder verlegen zijn in gezelschappen? Verandering begint bij aanvaarden dat je nogal schuchter bent. *Aanvaarden is bereid zijn je ervaring gewaar te worden precies zoals die op dat moment is.* Aanvaarden is dus ook bereid zijn lichamelijke sensaties zoals pijn, en innerlijke ervaringen zoals gedachten, emoties, beelden, en herinneringen, precies zo te ervaren als ze voor jou op dat moment zijn. Op deze manier is aanvaarden iets waar moed voor nodig is. Je brein roept misschien wel 'aanvaarden is slap' of 'geef je niet over', maar zie dat als een eeuwenoude vechtreactie van de geest, die je ook naast je neer kunt leggen.

Onze samenleving kent oplossingen voor vrijwel alle lichamelijke en geestelijke problemen en ongemakken. De boodschap is 'je hoort erbij als je fit bent' en 'je hoort er niet bij als je nare lichamelijke of geestelijke klachten hebt'. De gezondheidscultus roept ons op: 'Heb je lichamelijke klachten? Accepteer ze niet!' Als je je niet goed voelt zijn er tal van mogelijkheden: van pillen tot waterbedden en van therapeuten tot sportscholen. Gelukkig is dat een verworvenheid van deze tijd, waarvan we natuurlijk met volle teugen mogen genieten. Maar vergeten we niet dat leven nu eenmaal ook problemen en klachten geeft? Hoort lijden ook niet bij leven?

Aanvaarden of accepteren betekent actief zijn en bereid om alles wat je meemaakt echt te ervaren. Dus stop met bestrijden wat je als negatief ervaart, zoals pijn, en ervaar die zoals hij op dat moment voor je is. Maak in je bewustzijn plaats om pijn te ervaren. Juist doordat je bereid bent de pijn, en ook je nare gedachten en gevoelens die ermee gepaard gaan, te ervaren, kun je je richten op wat je wilt met je leven. Het is te vergelijken met het beklimmen van de steile grillige helling van een berg. Dat is een kwestie van niet alleen maar kijken naar die mooie top die je zo graag wilt bereiken. Het gaat er ook om dat je op het moment zelf de weerbarstige grond onder je voeten voelt. Als je veilig boven wilt komen, begin je met goed te voelen waar je voeten staan. Wat is de toestand van de grond? Dit betekent niet noodzakelijkerwijs dat je van deze plaats houdt of dat je er wilt blijven. Zodra je voelt dat je voeten stevig op deze grond staan, kun je de eerste stap zetten in de richting die jij wilt. Als je chronische pijn hebt, is zinvol leven een kwestie van weten welke berg je wilt beklimmen en onderweg goed voelen waar je je voeten neerzet (bereid zijn de pijn te ervaren).

Op deze manier met pijn omgaan gaat uit van de realiteit. Alleen zo kun je stapjes vooruit zetten en ontstaat een geheel nieuw perspectief net als bij het stapje voor stapje een berg beklimmen.

Wat je je nu zou kunnen afvragen is: Hoe zit het bij mij? Aanvaard ik de pijn? Met de volgende vragen kun je dit onderzoeken.

Zelfonderzoek

Aanvaard ik de pijn?
Probeer aandachtig stil te staan bij welke rol aanvaarden van pijn nu in je leven speelt en beantwoord de volgende vragen. Zet een kruisje op het lijntje bij wat op jou van toepassing is. Bij de vragen over 'aanvaarden' zijn kruisjes die meer naar links staan een teken van aanvaarding. Bij de vragen over 'niet aanvaarden' zijn kruisjes die meer naar rechts staan een teken van aanvaarding.

Vragen over aanvaarden
Ben ik bereid pijn te voelen?

volledig _____ helemaal niet

Aanvaard ik mijn huidige toestand?

helemaal _____ helemaal niet

Ben ik bereid angst en onzekerheid die met pijn samenhangen te ervaren?

helemaal _____ helemaal niet

Is het oké als ik pijn voel?

volledig _____ helemaal niet

Is het nodig pijn onder controle te krijgen om zinvol te leven?

helemaal niet _____ helemaal niet

Vragen over niet aanvaarden:
Ervaar ik problemen door het vermijden of onderdrukken van lichamelijke pijn?

heel veel _____ helemaal niet

Maakt pijn het me moeilijk om een bevredigend, waardevol leven te leiden?

heel erg _____ helemaal niet

Kan ik alleen iets belangrijks doen als ik geen pijn heb?

helemaal waar _____ helemaal niet waar

Ben ik bang voor pijn?

heel erg _____ helemaal niet

Maak ik me zorgen dat ik niet in staat ben mijn pijn onder controle te houden?

heel veel _____ helemaal niet

Veroorzaakt pijn problemen in mijn leven?

heel veel _____ helemaal niet

Staan zorgen over pijn mijn succes in de weg?

heel veel _____ helemaal niet

Deze vragen zijn mede gebaseerd op de AAQ II P (chronischepijnacceptatievragenlijst door Kleen e.a. - in voorbereiding)

Heb je al een idee gekregen of je pijn aanvaardt? Hoe zou het zijn als je probeert je eigen ervaringen inclusief de pijn echt mee te maken zoals ze op dat moment zijn? In de volgende hoofdstukken kun je de aanwijzingen lezen.

Stoppen met touwtrekken

Stoppen met vechten, vluchten en verstijven

Veel mensen krijgen na een lang en frustrerend behandeltraject te horen: 'U zult er mee moeten leren leven'. Vaak wordt daar dan niet bij uitgelegd *hoe*. Het klinkt als het eind van het verhaal: 'Wij geven het op, bekijkt u het verder maar'. Maar de boodschap 'u zult er mee moeten leren leven' zou eigenlijk het begin van het verhaal moeten zijn. Het is een vaardigheid en een houding die heel veel om het lijf heeft en heel veel mogelijkheden biedt! De eerste stappen bestaan uit onderkennen dat je vecht en het besef dat je daarmee kunt stoppen.

Het gevecht dat je levert, is als touwtrekken met pijn. Je zit in een touwtrekwedstrijd waar je leven van afhangt. Aan de andere kant van het touw trekt het grote lelijke en oersterke monster: de pijn. Het briest en weet niet van ophouden. Tussen jou en het pijnmonster ligt een diepe bodemloze kuil. Dus je trekt en je trekt, maar hoe harder jij trekt hoe harder het pijnmonster trekt. Hoe harder je je verzet, hoe dichterbij de rand van de kuil komt. Het is een nachtmerrie. Maar wat gebeurt er als je het touw gewoon loslaat? Het pijnmonster verliest zijn evenwicht en valt achterover, en jij wandelt gewoon weg. Je verdwijnt zeker niet in die diepe kuil. Het beeld van het loslaten van het touw is illustratief voor acceptatie en voor de bereidheid pijn te laten zijn zoals die is.

> Elis (38 jaar en al jarenlang migrainepatiënte): Ik heb besloten de migraine te accepteren als een gegeven in mijn leven. Ik ben nu regelmatig heel verdrietig en dan denk ik: 'Waarom ik?' Maar het gekke is dat ik tegelijkertijd juist weer hoop ervaar! Het is verbazingwekkend.

Mensen die stoppen met vechten tegen pijn ervaren vaak dat er een last van hun schouders valt. Het is net als wanneer je stopt met steeds een bal onder water proberen te houden in het zwembad (zie ook hoofdstuk 5 Therapie doorlichten). Je hoeft je niet anders meer te voelen dan je je voelt en steeds maar weer te zoeken naar andere medicijnen en nieuwe dokters. Er is weer rust in de tent en dat voelt prettig. Het werkt hoopgevend. Typisch is de combinatie van verdriet en hoop tijdens het acceptatieproces.

Stoppen met vechten is een bewuste keuze. Emoties spelen hierbij een belangrijke rol. Want wat voelt een bokser, judoka of een touwtrekker als hij hoort dat hij de strijd beter kan staken omdat doorgaan niet goed is voor zijn gezondheid? Kwaadheid en verdriet. Je geest kan je influisteren dat dit een nederlaag is en dat opgeven een teken van zwakte is, omdat het zich heeft vastgebeten in vechten. Net als iemand die verslaafd is aan topsport kun je ontwenningsverschijnselen krijgen want je mist de stress en de adrenaline in je lijf. Je moet wennen aan rust, maar ook aan het verdriet en de kwaadheid die loskomen.

Je bent verdrietig over alles wat je mist. Je rouwt. Belangrijk is dat je je innerlijke ervaring van verlies, verdriet en boosheid erkent. Pas wanneer je mag rouwen over dat je jaren zonder resultaat hebt gevochten en dat vermijden van pijn ook niet werkt, kun je misschien daadwerkelijk accepteren dat pijn deel is van de verdere reis door het leven.

Als je bereid bent het touwtrekken met de pijn op te geven is de vraag: Heb je door wanneer je aan het touwtrekken bent of wanneer je loslaat? Wanneer sta je in de vechtstand en wanneer niet? In tabel 3 zie je de verschillen tussen de vechtstand en het loslaten van het gevecht.

Tabel 3	
Vechtstand	**Niet in vechtstand: loslaten**
Pijn bevechten of vermijden en daardoor pijn niet voelen.	Pijn waarnemen, voelen en bewust zijn.
Streven naar controle over de pijn.	Zonder daadwerkelijk controle te hebben over de pijn, toch het gevoel van controle ervaren.
Niet bereid zijn pijn of emoties te voelen.	Bereid zijn onprettige gevoelens en pijn te voelen.
Handelen vanuit angst.	Handelen vanuit eigen waarden en wensen.
Ongeconcentreerd, piekeren, veel gedachten.	Geconcentreerde activiteit vanuit je levenswaarden.
Alsmaar actief zijn, doorgaan of juist wegvluchten zonder dit te merken.	Stilstaan bij wat je doet en voelt.
Je gedwongen voelen door te blijven vechten.	Een keuze ervaren bij de dingen die je doet.

Vechtstand	Niet in vechtstand: loslaten
Gestrest en alert zijn (vaak zonder dit te merken). Zie ook hoofdstuk 4 'Kijk uit voor sabeltandtijgers' voor de tekenen van stress.	Bewust ontspannen zijn. Ontspannen spieren hebben.
Weinig besef van eigen emoties, gedachten, beelden, herinneringen. Het lijkt alsof onprettige gevoelens en gedachten er niet zijn.	Emoties, gedachten, beelden, herinneringen opmerken. Je voelt emoties.
Gericht op voorkomen van (mogelijk) gevaar.	Gericht zijn op wat je zelf wilt in je leven.
Sterk gericht zijn op wat anderen willen.	Zowel gericht zijn op wat jezelf wilt als op wat anderen willen.
Overmatig kritisch zijn op hoe je dingen doet en je er daardoor niet helemaal aan overgeven.	Helemaal opgaan in iets wat je belangrijk of leuk vindt om te doen.

Om je ervan bewust te worden wanneer je in de vechtstand staat of wanneer je bereid bent de pijn te nemen zoals die is, kun je een dagboek bijhouden over 'stoppen met vechten'.

Zelfonderzoek

Dagboek 'stoppen met vechten'
Houd gedurende een of twee weken het volgende dagboekje bij. Geef aan het einde van de dag een cijfer bij ieder van de volgende vragen en schrijf er je opmerkingen bij.

Hoeveel pijn had ik vandaag?
0 = geen tot 10 = extreem
Opmerkingen:
_____
_____

Hoeveel negatieve innerlijke ervaringen had ik daarbij?
0 = geen tot 10 = extreem
Opmerkingen:
_____
_____

Stond ik in de vechtstand? (zie tabel 3)
0 = helemaal niet 10 = helemaal wel
Opmerkingen:

_____

_____

Als je in verschillende situaties verschillend hebt gereageerd op de pijn beschrijf dat dan ook:

_____

_____

_____

_____

Als je vaker merkt dat je in de vechtstand schiet, wat dan? Dan is de vraag: ben je al bereid de pijn echt te ervaren zoals deze voor je is, zonder te vechten? In het volgende hoofdstuk kun je jezelf bewustmaken van deze bereidheid en hem dan vergroten.

Zet de radio niet zachter

Bereidheid vergroten om pijn te ervaren

Bereid zijn om pijn te ervaren is een keus. Je kunt het niet een beetje doen of een beetje proberen. Je doet het of je doet het niet. Het is te vergelijken met 'proberen je huid aan te raken'. Doe het maar eens. Raak je huid niet echt aan, maar probeer het een beetje aan te raken. Dat gaat niet! Je kunt je huid aanraken of niet aanraken maar je kunt niet proberen hem een beetje aan te raken. Het is dus een keus, net als bij pijn. Je bent bereid om pijn te ervaren of niet. Je geest reageert vast met 'ja, maar'. Het is alsof je een contract tekent en je geest vraagt waar de ontsnappingsclausule is. Je bent dan eigenlijk niet helemaal bereid om pijn te ervaren. Maar bereidheid kent maar twee opties: ja of nee en geen 'misschien'. Het is niet een kwestie van 'dat zien we morgen of volgende week wel weer'. Bereidheid gaat over nu.
En als je dan bereid bent pijn toe te laten in je bewustzijn kun je besluiten hoe intensief je de pijn toelaat zoals je zelf kunt besluiten hoe lang en intensief je je huid aanraakt.

> Margreet (26 jaar, al acht jaar pijnlijke dystrofieklachten in beide handen en voeten): Het was een heel diep gat waar ik op een gegeven moment in zakte. Ik heb veel gehuild want ik heb zo lang gevochten tegen de pijn. Het moest gewoon weg, weg, weg en nog eens weg. Op een van mijn slapeloze nachten, was het alsof iemand tegen mij zei: 'Je moet ermee leren leven'. Langzaam kwam toen de rust en het besef dat ik het moest durven voelen zoals het is en niet doen alsof ik geen pijnklachten heb.

Mensen met chronische pijn ervaren het vroeg of laat allemaal: of ik nu hoog of laag spring, pijn is onderdeel van mijn leven zoals regen en zonneschijn. Pijn, verdriet, angst, stress en somberheid reizen mee op je levensweg. Je kunt je met andere mensen vergelijken en zeggen dat het onrechtvaardig is wat jou overkomt, maar dat maakt de pijn niet minder. Je kunt je een ongeluk vechten, anderen de schuld geven of jezelf een waardeloos figuur vinden maar daarmee neemt de pijn echt geen enkele reis naar verre streken om nooit meer terug te komen. Pijn is te vergelijken met een radio waaruit muziek komt die absoluut jouw smaak niet is. Sterker nog, het is muziek die je hartstochtelijk haat. Niet aanvaarden is te vergelijken met je oren dichtstoppen of steeds de volumeknop proberen dicht te draaien. Maar zoals je uit ervaring al weet, over die knop heb je weinig controle bij chronische pijn. Hoe je er ook aan draait, die vreselijke muziek blijft doorspelen. Met de volgende oefening kun je een andere manier van met pijn omgaan uitproberen: niet door de pijn weg te drukken maar door je bereidheid te vergroten om hem waar te nemen.

Oefening

Bereidheid pijn te ervaren vergroten
Stel je in gedachten een geluidsinstallatie voor. Stel je ook voor dat deze twee regelknoppen heeft met elk een eigen schaal van 0 tot 10. De ene knop is vrij groot en valt direct op en de andere is klein en zie je snel over het hoofd. De grootse knop (met een tienpuntsschaal) heet 'pijn'. Stel je voor wat je tot nu toe met deze knop hebt geprobeerd te doen. Waarschijnlijk heb je die knop zo laag mogelijk gedraaid, zo veel mogelijk naar nul. Maar er is ook die tweede knop. Die bepaalt uiteindelijk of je de pijn onder controle gaat krijgen. Deze knop heet 'bereidheid' en verwijst naar hoeveel je ervoor openstaat om je pijn (en innerlijke ervaringen die daarmee samenhangen) te ervaren op het moment dat je ze gewaarwordt. Als je veel pijn en gedachten en gevoelens die daarmee samenhangen ervaart (een tien op de grote schaal) en je bent hard bezig die weg te krijgen (de grote knop lager te draaien) dan staat de bereidheidknop waarschijnlijk laag. Probeer nu eens als je pijn ervaart in gedachten die kleine bereidheidknop hoger te zetten.
Doe deze voorstellingsoefening ook eens als je erg veel last van pijn hebt. Dit helpt je om pijn te durven ervaren.

Zoals je ziet gaat het er niet om dat je de pijn graag wilt hebben of om 'er geen probleem mee hebben'. Het gaat puur om de bereidheid pijn te ervaren zoals die op dat moment is. Het is jouw keuze of je blijft draaien aan de pijnknop of dat je aan de slag gaat met de 'bereidheidknop'. Het zijn twee totaal verschillende manieren van met pijn omgaan. Bereidheid is:
– een open houding aannemen tegenover pijn;
– het alternatief voor strijd en controle;
– een keuze;
– iets anders dan pijn willen hebben of verlangen naar pijn;
– dynamisch leven en dingen ondernemen die je van waarde vindt en zonder te oordelen ervaren wat je meemaakt, ook de pijn.

Over de bereidheidknop heb je altijd meer beheersing dan over de pijnknop want hij heeft te maken met jouw keuze om de pijn waar te nemen of niet. Het zegt meer iets over jou dan over de pijn. Als je de bereidheidknop laag houdt, en dus vecht tegen de pijn, lijd je er meer onder. Je ervaart vooral de 'vuile pijn' (zie hoofdstuk 3 'De neerwaartse spiraal van vechten tegen pijn'). Zet je echter de bereidheidknop open dan ervaar je 'schone pijn'.

Als je bereid bent pijn te ervaren bij de activiteiten die jij leuk en belangrijk vindt kun je dat vergelijken met omgaan met een ongenode gast. Het volgende hoofdstuk laat dat zien.

9 Henk van der Leed op je feest

Met pijn omgaan als met een ongenode gast

Het volgende verhaal brengt tot uitdrukking hoe pijn je leven gaat beheersen als je hem 'de deur uit wilt zetten'. Het verhaal maakt een vergelijking tussen chronische pijn en een ongenode gast die je feestje bederft.

Nadat je je huis grondig hebt verbouwd, geef je een borrel. Je hebt iedereen uit de buurt uitgenodigd. Alle buren verschijnen en het is reuze gezellig. Maar wat gebeurt en na ongeveer een uur? Henk van der Leed staat voor de deur. Hij is een regelrechte bedreiging voor de gezelligheid. Hij is een kwelling voor iedereen in de buurt. Hij stinkt, draagt oude kleren en valt mensen vaak lastig met pijnlijke opmerkingen. Toen je het briefje op je raam plakte met 'Borrel, iedereen welkom' heb je je niet gerealiseerd dat Henk van der Leed dan ook zou kunnen komen. Voor je het weet staat hij midden in de kamer en hij blijkt flink op dreef te zijn met zijn ongepaste manieren. Hij is luidruchtig, maakt walgelijke opmerkingen tegen je gasten en hij stinkt meer dan ooit. Je bent helemaal van slag. Hoe kom je van deze man af?
Je probeert hem zonder succes af te leiden en naar de bijkeuken te lokken. Je legt hem uit hoe hij zich zou moeten gedragen. Maar hij luistert niet. Dus je probeert niet meer aan Henk te denken en druk bezig te zijn met de gasten te vragen of ze genoeg te eten en te drinken hebben. Maar je ziet voortdurend Henk vanuit je ooghoeken en je ergert je wild. Je raakt uiteindelijk helemaal overstuur en vraagt iedereen om te vetrekken. En dat doen de buren...behalve Henk van der Leed, die blijft, want hij vindt het zó gezellig.
Als je er later over nadenkt realiseer je je dat je de hele avond met Henk van der Leed in de weer bent geweest. Aan al die leuke, aardige buren heb je geen aandacht kunnen schenken. Je bedenkt: 'misschien was het beter geweest Henk maar gewoon te accep-

teren op mijn feestje, gewoon zoals hij is, met zijn vervelende houding en zijn stinkende kleren. Dan had ik ook zelf een beetje kunnen genieten'.

Dit verhaal gaat over de kern van aanvaarding: leven met wat je niet onder controle kunt krijgen.
Als pijn je dagelijks leven regeert denk je misschien: 'hoe krijg ik mijn eigen leven weer terug?' Kun je je voorstellen dat pijn geen obstakel meer vormt om te leven volgens jouw levenswaarden? Hoe zou het zijn als je van nu af aan weer blijdschap ervaart omdat je je leven echt de moeite waard vindt? Waar het bij aanvaarden van je pijn vooral om draait, is de ongenode gast, die pijn is, ruimte geven en tegelijkertijd je leven inrichten naar je levenswaarden (zie de hoofdstukken in deel III Ontdek je levenswaarden). Maar wat doen veel mensen met chronische pijn? Zij willen eerst de pijn de deur uit hebben vanuit het idee 'daarna kan ik pas beginnen met leven'. Ze verzanden in een eindeloos gevecht met de ongenode gast die pijn is en komen niet toe aan waar het hun zelf in het leven om te doen is: leven naar je eigen levenswaarden. De spreuk van Teresa van Avila (1515-1582) lijkt hier van toepassing:

> **Geef mij**
> *De kracht om te veranderen wat ik kan veranderen*
> *De moed om te verdragen wat ik niet kan veranderen*
> *De wijsheid om het verschil te zien.*

Het is een levenswijsheid die je vertelt dat er altijd zaken zijn die je niet direct kunt veranderen. Dat geldt zeker ook voor bepaalde vormen van pijn en voor de beleving daarvan. Natuurlijk zijn er kanten aan de pijn die je wél kunt reguleren. Je bent daar waarschijnlijk al lang mee bezig. Het punt is alleen dat je moet uitkijken dat controleren van de pijn niet ten koste gaat van een waardevol leven. Zodra de zoektocht naar een pijnvrij bestaan je leven overneemt, is er een probleem. Houd daarom het volgende in gedachten.

Om niet te vergeten
Houd het volgende in gedachten:
- Chronische pijn is als een ongenode gast die bij je aanbelt en in je huiskamer zit voordat je het weet. Geleidelijk aan neemt hij bezit van je huis.

- Probeer deze ongenode gast niet de deur uit te werken. Beter is hem te accepteren in je huis.
- Realiseer je dat het misschien wel fijn geweest zou zijn als hij niet was gekomen, maar hij kwam wel. Verzetten, eruit werken, bevechten, ruzie maken of hem onder controle houden werkt meestal niet.
- Besef dat juist door je bereidheid de ongenode gast in je huis te accepteren, je een leven kunt leiden volgens je eigen waarden.
- Realiseer je dat dit leven met pijn misschien niet perfect is, maar het kan heel bevredigend zijn als je leeft naar je eigen waarden.

Omgaan met pijn als met een ongenode gast betekent dat je ruimte maakt voor de pijn. Wil je aan den lijve ervaren hoe dat is? In het volgende hoofdstuk staat hoe.

Een zee van ruimte

Ruimte maken rond de pijn

Langdurige pijn geeft veel mensen het gevoel opgesloten te zitten. Pijn beperkt hen, zet hen onder druk. Pijn is verbonden met 'jezelf niet meer zijn' en 'geen ruimte meer ervaren'.

> Anita (35 jaar, chronische buik- en bekkenpijn): Deze pijn onderin mijn lichaam is er bij de afwas, bij het bedden opmaken en zelfs als ik eventjes ontspannen op de bank lig. Als mijn beste vriendin langskomt op een van die mooie lentedagen drinken we een kopje thee in de tuin en denk ik 'kon ik er maar van genieten'. Ik word gemarteld door de pijn. Ik zit gevangen in mijn eigen lichaam. Ik drink wel thee, ik zit wel in de tuin, maar ik voel de aangename temperatuur niet en ik hoor die vogeltjes niet fluiten. Ik zit ingesnoerd in mijn eigen pijn en mijn eigen gedachtewereld. Hoe kom ik eruit?

Chronische pijn kan net zo'n prominente plaats in je lichaam innemen als een ongenode gast die alle kamers in je huis in beslag neemt (zie het vorige hoofdstuk). Je bent het gevoel van ruimte in je lichaam kwijt.

Maar wat zou er gebeuren als je het tegenovergestelde doet? In plaats van je te laten indammen maak je ruimte voor de pijn. Het is alsof je een ongenode gast die niet meer weggaat een stoel aanbiedt en hem de ruimte geeft. Het huis is (tot nader orde) van jullie twee. Je geeft hem de ruimte en sluit vrede. Waarom werkt dit? Omdat pijn je eigen ervaring is en als je denkbeeldig ruimte maakt voor de pijn, ervaar je zelf ook meer ruimte. Ruimte creëren voor je pijn en voor je gevoelens zorgt voor ontspanning en nieuwe mogelijkheden. Je raakt namelijk uit de kramp en hervindt je vitaliteit en creativiteit. Dus, als pijn terugdringen niet werkt, heb je altijd nog de keus er meer ruimte voor te maken. Hier volgt een concrete aanwijzing.

Oefening

Ruimte rond de pijn ervaren
- Richt je aandacht op de pijn. Als je op meerdere plaatsen pijn hebt, neem dan de pijn die je hindert maar waar je je wel enige tijd op kunt concentreren.
- Observeer je pijn, als een wetenschapper: met objectieve nieuwsgierigheid. Neem de pijn waar alsof je iets nieuws ontdekt.
- Stel je voor dat je een lijn trekt rond de pijn. Wat voor vorm heeft die dan?
- Hoe intensief is de pijn? Is de pijn overal even intensief? Of is er een verschil tussen de randen en het centrum? Is de pijn constant of komt hij in golven of met scheuten, of is hij misschien bonzend?
- Adem rustig en diep. Stel je voor dat je naar de pijn toe ademt. Stel je voor hoe je adem de pijn binnenstroomt en er omheen stroomt.
- Terwijl je je voorstelt dat je adem in en rond de pijn stroomt, kun je extra ruimte ervaren in en rond de pijn. Het voelt losser, gemakkelijker, net of er meer beweging mogelijk is.
- Als je geest protesteert tegen wat er gaande is, beschouw deze gedachten dan als achtergrondruis. Laat ze. Net als wanneer je ergens in de verte een radio hoort. Je gaat gewoon door met het ademen naar de pijn. Als je onplezierige emoties ervaart laat ze dan gewoon toe en laat ze komen en gaan zoals het ze belieft: net als de wolken in de lucht die gaan en komen.
- Adem zo enkele minuten naar je pijn toe. Houd daarbij in gedachten dat het er niet om gaat de pijn te veranderen. Als dat gebeurt, is dat prima. Maar als het niet gebeurt, is het ook goed. Het gaat om het ervaren van meer ruimte in en rond de pijn zoals die nu is.

Voor onprettige emoties kun je ook ruimte maken. Ga dan na welke lichamelijke sensatie er bij de emoties hoort, zoals een brok in je keel of een snel kloppend hart. Richt je aandacht erop. Observeer het en maak er ruimte voor zoals hiervoor omschreven.

Je geest is zo gewend pijn terug te dringen dat hij gedachten ontwikkelt zoals 'als ik ruimte maak voor mijn pijn zal die mij overspoelen en dan is het gedaan met me'. Of 'als ik ruimte maak voor mijn angst dan zit ik de hele dag alleen nog maar te bibberen in een hoekje'. Je kent je brein inmiddels; het ziet altijd gevaar als om pijn gaat. Aanvaard dat je brein zo werkt. Zeg desnoods 'bedankt voor de tip'. Laat de gedachten dan los, want ruimte maken voor pijn en onprettige gevoelens zoals in de voorgaande oefening zorgt ervoor dat je juist weer toekomt aan wat jij werkelijk wilt doen op dat moment.

In de vorige vijf hoofdstukken stonden we stil bij pijn ervaren zoals die op dat moment is. Door de pijn te aanvaarden sta je ook stil bij hoe je leeft en bij de vraag 'waar draait het in mijn leven om?' Misschien ervaar je een vluchtreactie bij deze vraag. Zegt je geest 'dat komt later wel als de pijn over is'? Misschien is dat weer die vecht-vluchtreflex van de geest. Want waarom zou je geen tijd uittrekken voor de wezenlijke vraag wat jouw leven boeiend maakt? Het volgende deel van dit boek gaat uitgebreid in op deze fundamentele vraag.

III Ontdek je levenswaarden

11 Zin in je leven krijgen

Het belang van levenswaarden

> Theo (48 jaar, chronische buikpijn): Een vriend vroeg mij: 'Waar draait het in jouw leven dan om? Tja, daar had ik nooit bij stil gestaan. Ik had die pijn al toen ik nog een kind was. Ik stond ermee op en ik ging ermee naar bed. Ik heb in mijn leven alles gedaan zoals van mij werd verwacht en zoals ik ook van mij zelf verwachtte: ondanks de pijn toch de avondschool afgemaakt en toen carrière gemaakt. En toen die vraag: Waar draait het in jouw leven om? Dat was heel pijnlijk. Maar het is wel de kern waar alles om draait.

De innerlijke oorlog met pijn doet veel mensen vergeten waarom ze ooit de worsteling begonnen. Waar draait het in je leven om? Wat zijn je levenswaarden? Gaat het om liefde, respect, oprechtheid, zelfontplooiing of innig samenzijn? Menigeen met chronische pijn stelt zichzelf vroeg of laat de vraag: 'Wat is de zin van dit bestaan?'
Levenswaarden zijn je persoonlijke wensen vanuit je hart. Het zijn overtuigingen waar je diep, diep, diep in je hart voor staat. Dat waarvoor je zelfs diep in de nacht wakker gemaakt mag worden. Levenswaarden weerspiegelen wie je wilt zijn en hoe je met de wereld en je medemensen om zou willen gaan. Alles waar je veel om geeft of wat je heel erg raakt, is op de een of andere manier een weerspiegeling van een levenswaarde. Zij vormen de basis van hoe je je leven inricht, welke keuzen je maakt, wat je doet en laat en wat je wilt bereiken (zie tabel 4).
Levenswaarden zijn als een kompas dat je altijd op zak hebt vanaf het begin tot het einde van een waardegericht leven. Ze geven richting en kleur aan je bestaan. Als je handelt vanuit je levenswaarden ervaar je moed, kracht en voldoening. Staar je dus niet te veel blind op 'geen pijn hebben'. Levenswaarden stijgen boven alle lichamelijke sensaties,

Tabel 4	Voorbeelden van levenswaarden		
actief zijn	gastvrijheid	onafhankelijkheid	verdraagzaamheid
afwisseling	gelijkheid	openheid	vertrouwen
altruïsme	gelijkwaardigheid	plezier	vrede
ambitieus zijn	geloof	rechtvaardigheid	vreugde
assertiviteit	gezelligheid	respect	vriendelijkheid
begrip	gezondheid	rijkdom	vriendschap
betrouwbaarheid	goede manieren	rust	vrijheid
competentie	harmonie	tolerantie	vrolijkheid
creativiteit	humor	sociaal zijn	waarheid
democratie	individualiteit	sportiviteit	werk
discipline	liefde	stiptheid	zekerheid
echtheid	loyaliteit	succes	zelfbeheersing
eerbied voor natuur	macht	saamhorigheid	zelfontplooiing
	medeleven	trouw	zelfvertrouwen
eerlijkheid	moed	veiligheid	zelfverzekerdheid
evenwichtigheid	natuurlijk	verantwoordelijkheid	zorgzaamheid
gehoorzaamheid			

gevoelens, gedachten en beperkingen uit en bepalen uiteindelijk hoe zinvol je je leven ervaart.

Als je levenswaarden gaat opzoeken (zie de volgende hoofdstukken) wees je dan ervan bewust dat levenswaarden altijd heel persoonlijk zijn. Stevens Hayes, de grondlegger van ACT, omschrijft waarden als *zelf gekozen levensrichtingen*. Het zijn jouw eigen keuzen. Net als smaken, daar valt niet over te twisten. Alleen jij kunt aanvoelen: dit is mijn levenswaarde.

Levenswaarden gaan niet om het nastreven van bepaalde gevoelens zoals gelukkig zijn of geen pijn meer hebben. Je brein zegt wel steeds 'weg met die pijn' maar zoals je weet, hebben mensen maar beperkte controle over pijn en over allerlei gevoelens. Het is net als de weersomstandigheden; die veranderen ook onvermijdelijk. Maar levenswaarden veranderen niet. Ze zijn als sterren aan de hemel. Sterren staan op hun plaats ongeacht het weer. Ze helpen je om je te oriënteren waar je bent. Vanuit je levenswaarden leven is ook iets anders dan doelen stellen. Mensen kunnen vanuit heel verschillende waarden een doel trachten te behalen. Voor de één gaat het bij het volgen van een cursus om contacten op te doen, voor de anderen om zichzelf te ontwikkelen en voor weer iemand anders om het behalen van een certificaat. Levensgeluk hangt niet alleen af van een einddoel. Je kunt het vergelijken met een skitocht. Stel je staat boven op een berg op het punt om naar benden te skiën. Een man vraagt je: 'Waar ga je naar toe?' Je zegt: 'Naar beneden naar het hotel in het dal'. Hij zegt: 'Dat komt mooi uit want ik ben hier met een helikopter en je kunt nu direct instappen want ik ga ook naar beneden'. Het zou gek zijn als je hier op inging. Bij het hotel komen is uiteindelijk wel het doel, maar het is het skiën waar het om gaat.

Wil je ontdekken wat jouw levenswaarden zijn? Of wil je op de automatische piloot blijven handelen zonder te beseffen welke richting je leven opgaat? Op de volgende bladzijdes kun je licht laten schijnen over je persoonlijke levenswaarden.

Bakens opzoeken

Bepalen van levenswaarden

Levenswaarden kun je vergelijken met lichtbakens in zee waardoor de kapitein zijn schip bij onstuimig weer in de gewenste richting kan sturen. Verlies je je levenswaarde uit het oog, dan kun je zomaar totaal opgaan in het gevecht met pijn en speelbal van de golven worden en doelloos heen en weer worden geslingerd. Je verliest het zicht op de lichtbakens en voor je het weet slaat je schip op de rotsen.
Dankzij je levenswaarden kun jij over je worsteling met pijn heen kijken en de grote lijnen van je leven in het zicht houden. Levenswaarden geven inhoud aan je leven en vitaliseren je bestaan. Misschien zegt je geest: 'Ik kan pas zinvol leven als ik geen klachten meer heb'. Zie dit als een van die vechtgedachten die je brein produceert omdat je geest pijn reduceren altijd op de eerste plaats zet. Als je brein het nadenken over levenswaarden weg wil drukken, bedenk dan ook dat leven vanuit je levenswaarden in principe losstaat van lichamelijk of geestelijke klachten. Het licht van de vuurtoren brandt onafhankelijk van goede of slechte weersomstandigheden. Het zou namelijk onzinnig zijn om de vuurtoren pas te ontsteken als de storm is gaan liggen. Juist bij barre omstandigheden zijn lichtbakens van het grootste belang.
Je kunt pijn pas echt leren aanvaarden als de grote richting in je leven bekend is. Als je stopt met vechten, ontstaat de mogelijkheid (weer) vanuit je levenswaarden te gaan leven.
Bij levenswaarden draait het om:
- hoe je wilt leven;
- je hart volgen, dus niet te veel redeneren als je ze bepaalt;
- richting in je leven en niet om doelen halen;
- hoe je wilt zijn;
- jouw persoonlijke levenswaarden en niet om levenswaarden die anderen graag willen dat je kiest

Met het volgende zelfonderzoek kun je je levenswaarden onderzoeken. Ga na wat van wezenlijk belang is bij elk van de tien levensgebieden. Vergeet daarbij niet dat je sommige levenswaarden alleen kunt praktiseren als je ook andere levenswaarden vooropzet. Overzie dus ook de levenswaarden in hun onderlinge verband. Zo kun je bijvoorbeeld alleen liefdevol en zorgzaam voor anderen zijn als je ook goed op je eigen lichamelijke en geestelijke gezondheid let.

Zelfonderzoek

Levenswaarden onderzoeken
Beschrijf bij ieder levensgebied de levenswaarden die bij jou voorop staan.

1 Partnerschap/huwelijk/intieme relatie
Het gaat hier om je directe levenspartner, degene met wie je besloten hebt door het leven te gaan.
Voorbeeld: liefde. 'Ik wil een liefdevolle partner zijn.'

_____

_____

_____

_____

2 Ouderschap
Neem je relatie met je kinderen of met kinderen in het algemeen in gedachten. Als je geen kinderen hebt, denk er eens over na op welke gebieden je een opvoeder bent. Omschrijf hoe je wilt zijn in relatie met een kind of wat je wilt doen voor kinderen. Voorbeeld: respect en waardering. 'Ik wil kinderen laten zien wat respect en waardering inhoudt.'

_____

_____

_____

_____

3 Familie (anders dan partnerschap of ouderschap)
Het gaat hier om allerlei familieleden, broers, zussen, ouders, grootouders, schoonouders, enzovoort. Hoe zou je in deze relaties willen zijn, wat zou je willen doen zodat je leven waarde heeft?

Voorbeeld: waardering van familiebanden en vergevingsgezindheid. 'Ik wil iemand zijn die de waarde van familiebanden benadrukt en vergevingsgezindheid uitstraalt.'

_____
_____
_____

4 Vriendschap/sociale relaties

Het gaat hier om nabije vrienden, kennissen en collega's en zelfs om mensen die je maar af en toe ontmoet. Wat wil je bijdragen en wie wil je zijn in je sociale netwerk?

Voorbeeld: loyaliteit en humor. 'Ik wil een loyale vriend zijn die de humor van veel zaken kan inzien.'

_____
_____
_____
_____

5 Werk

Het gaat hier om het inzetten van je vaardigheden om een bijdrage te leveren aan de maatschappij. Dat kan gaan om betaald werk in de vorm van een carrière, of om vrijwilligerswerk of huishoudelijk werk. Welke waarden gaan hiermee gepaard? Wat geeft je het gevoel van betekenis te zijn?

Voorbeeld: doorzetten, samenwerken en lichtvoetigheid. 'Ik wil in mijn werk een doorzettende samenwerker zijn die lichtvoetigheid belangrijk vindt.'

_____
_____
_____
_____

6 Recreatie
Wat zijn belangrijke activiteiten en interesses in je vrije tijd of wat zijn hobby's die je verder zou willen uitbreiden? Omschrijf wat je doet en wie je bent als dit gedeelte van je leven waardevol is.

Voorbeeld: reizen en plezier maken. 'Ik wil verre reizen maken en dan plezier maken met reisgenoten.'

_____
_____
_____
_____

7 Maatschappelijke betrokkenheid
Op welke manier zou je ideaal gezien een bijdrage aan de samenleving willen leveren? Dit kan betrekking hebben op vrijwilligerswerk, politieke activiteiten, sociale activiteiten of liefdadigheid. Hoe zou je in het ideale geval onderdeel van de maatschappij willen zijn? Wat kan je doen om bij de directe omgeving waarin je leeft betrokken te zijn?

Voorbeeld: natuurbehoud. 'Ik wil actief zijn voor actiecomités die mijn leefomgeving zo groen en gezond als mogelijk willen houden.'

_____
_____
_____
_____

8 Persoonlijk groei (ook scholing en educatie)
Dit heeft betrekking op alle vormen van persoonlijke ontwikkeling dus ook op scholing en training. Creatieve bezigheden kunnen hier ook deel van uitmaken. Persoonlijke groei is alles wat ervoor zorgt dat je jezelf blijft ontdekken en ontwikkelen. Beschrijf het aspect van persoonlijke groei dat je graag je hele leven onder alle omstandigheden zou willen ervaren.

Voorbeeld: rust. 'Ik wil de rust in mijzelf ontwikkelen door gericht te oefenen met ontspanning en meditatie.'

_____

_____

_____

9 Fysieke gezondheid
Wat betekent fysieke gezondheid voor jou? Denk aan hoe je in het ideale geval zou willen zorgen voor je lichaam in termen van eten, slapen, drinken, oefeningen doen, je aan medische voorschriften houden.

Voorbeeld: bewegelijkheid. 'Ik wil bewegelijk en soepel zijn door bewegingsoefeningen.'

_____

_____

_____

_____

10 Spiritualiteit
Het gaat hier om spiritualiteit in de breedste zin van het woord. Dus niet alleen om georganiseerde religie, hoewel dat natuurlijk een belangrijke rol mag spelen. Omschrijf hoe spiritualiteit in het ideale geval een vorm zou krijgen in je leven.

Voorbeeld: respect voor het hogere. 'Ik wil tijd nemen om stil te staan bij alle zaken die mijn en andermans verstand te boven gaan. Ik wil me respectvol verdiepen in het 'hogere' wat in ieder mens schuilt.'

_____

_____

_____

Gebaseerd op 'exploring your values' in Dahl en Lundgren (2006)

Overzie nu alle levenswaarden die je op een rijtje hebt gezet. Heb je daarbij het gevoel de essentie te pakken te hebben? Of nog niet? De oefening in het volgende hoofdstuk kan je op nog meer ideeën brengen.

Je uitvaartdienst bijwonen

Verder onderzoek naar levenswaarden

> 'Als je de bedoeling hebt om echt te gaan leven, moet je eerst je eigen begrafenis bijwonen.'
> Engels: 'When you wish to live, you must first attend your own funeral.'
>
> Katherine Mansfield (1888-1923)

Verzet tegen pijn heeft misschien wel een groot gedeelte van je leven verbruikt. Voor stilstaan bij levenswaarden was geen ruimte. Dat deed je misschien hooguit als een dierbare overleed. Dan was het alsof je de vraag werd voorgehouden: *Waar draait het in jouw leven eigenlijk om?* Chronische pijn confronteert je ook met deze vraag. Je brein drukt die vraag liever naar de achtergrond onder het mom van 'eerst moet die pijn weg, dan kijken we wel verder'. Je brein wil nu eenmaal eerst controle krijgen en zo blijf je in het gevecht hangen en raakt je leven in het slop.

Het volgende gedachte-experiment helpt je om op een andere manier dan in het vorige hoofdstuk over je levenswaarden na te denken:

Gedachte-experiment

Je uitvaart bijwonen
- Stel je voor dat je na een lang en bevredigend leven sterft en er een uitvaartdienst voor je is georganiseerd.
- Er zijn verschillende sprekers die ieder hun visie op jouw leven geven. Stel je voor wie dat zouden kunnen zijn. Het mogen ook mensen zijn die overleden zijn. Wie spreken er? Je beste vriend(in), een vriend uit het verre verleden, een van je kinderen, je geliefde, iemand van je werk of misschien je ouders?
- Ieder spreekt een oprecht gemeende lofrede. Denk aan wat ieder van deze personen zou zeggen. Welke kwaliteiten herin-

neren zij zich van jou? Wat bewonderen zij in jou? Waarom hielden ze zo van jou? Hebben ze het over jou als 'een liefhebber van het leven'? Zien ze je als 'de man of vrouw die nooit een ander kon ontmoeten zonder er echt contact mee te maken?' Of als 'de geliefde ouder die vrijgevigheid, gelijkheid en de schoonheid van de natuur hoog in het vaandel had staan'?
Denk daarbij aan de volgende levensgebieden:
1 Partnerschap/huwelijk/intieme relatie
2 Ouderschap
3 Familie (anders dan partnerschap of ouderschap)
4 Vriendschap/sociale relaties
5 Werk
6 Recreatie
7 Maatschappelijke betrokkenheid
8 Persoonlijk groei (ook scholing en educatie)
9 Fysieke gezondheid
10 Spiritualiteit

Sta nu ook stil bij de volgende vragen:
- Wil je herinnerd worden als iemand die zich altijd verzette tegen de pijn? Of als iemand met andere levenswaarden?
- Zijn de dingen die werkelijk van waarde zijn in je leven er in principe afhankelijk van of je vecht tegen pijn of niet?
- Kan pijn je levenswaarden wel wegdrukken?
- Ben je in wezen niet altijd vrij je levenswaarden na te streven?

Heb je door je je eigen uitvaart voor te stellen nieuwe levenswaarden ontdekt? Noteer ze. Neem ze op in het overzicht van je levenswaarden (zie hoofdstuk 12 'Bakens opzoeken'). In het nu volgende hoofdstuk kun je in alle levenswaarden die je hebt verzameld een ordening aanbrengen.

Koers kiezen

14

Rangschikken van levenswaarden

> Theo (41 jaar, chronische gewrichtspijn): Ik werd steeds angstiger door die pijnen en durfde de straat niet meer op en de supermarkt niet meer in. Als ik het wel probeerde, raakte ik snel ontmoedigd. Ik was zó bang en had zó veel pijn. Maar sinds ik besef dat het opvoeden van mijn twee kinderen mijn levenswaarde is, weet ik weer waarvoor ik in de supermarkt loop. Ik overwon mijn angst omdat ik het leven van mijn dochters in mijn gedachten had.

Als je meerdere levenswaarden hebt gevonden, kan het nog steeds lastig zijn om met chronische pijn om te gaan. Welke levensrichting moet je voorop zetten? Als een schip heen en weer wordt gegooid door de golven kan het steeds van richting veranderen. Als er meerdere lichtbakens zijn, moet de kapitein zijn ogen blijven richten op het baken van zijn keuze en niet steeds als hij een lichtje ziet dat volgen.
Nadat je in de vorige hoofdstukken hebt stilgestaan bij je levenswaarden kun je nu een volgorde gaan vaststellen (zie onderzoek in tabel 5). Zet alle levenswaarden nog eens op een rijtje. Daarbij is het totaalplaatje van belang. Je kunt je levenswaarden in hun onderlinge samenhang bekijken. Door chronische pijn kunnen bepaalde waarden veel aandacht hebben gekregen en andere niet. Denk daarom ook na over welke levenswaarden nu belangrijk zijn in je leven en kijk naar het geheel. Geef achter ieder levensgebied aan wat je levenswaarden zijn. Geef iedere levenswaarde een cijfer op basis van het belang dat je eraan hecht (0 = zeer onbelangrijk, en 10 = zeer belangrijk) en in welke mate je de afgelopen maand succesvol was in leven naar je levenswaarde (0 = helemaal niet, en 10 = helemaal). Ten slotte geef je de levenswaarden een cijfer dat je prioriteit weergeeft: hoe belangrijk je het vindt daar nu aan te werken (1 = het belangrijkste, 2 = iets minder belangrijk, enzovoort).

Tabel 5 Stand van zaken levenswaarden				
Levensgebied	Levens-waarde	Belang (0 t/m10)	Succes (0 t/m 10)	Prioriteit (1 t/m 10)
Partnerschap/huwelijk/intieme relatie				
Ouderschap				
Familie (anders dan partnerschap of ouderschap)				
Vriendschap/sociale relaties				
Werk				
Recreatie				
Maatschappelijke betrokkenheid				
Persoonlijke groei (ook scholing en educatie)				
Fysieke gezondheid				
Spiritualiteit				

Dit overzicht vormt een richtsnoer voor je leven. Het is ook van belang als je in het laatste deel van dit boek met de juiste aandacht voor je lichaam en voor je innerlijk waardegerichte acties gaat ondernemen.

IV Wees aandachtig

15 De snelweg verlaten

Mindfulness

Chronische pijn verdwijnt niet door er hard tegen te vechten. Als je je te veel verzet tegen de pijn, is je aandacht bij 'geen pijn hebben' en dus ver weg van het 'hier en nu'. Je geest jaagt het beeld na van een pijnvrije situatie zonder stil te staan bij je huidige situatie. Het is alsof je met een noodgang over de snelweg raast op weg naar die mogelijk pijnvrije plaats ergens in de toekomst. Hoe eerder je er bent des te beter het is. Maar wat doet al die haast en die stress met je pijn? Het maakt van pijn ervaren, pijn lijden.

Aandachtvol zijn is te vergelijken met de snelweg verlaten. Weg van dat 'op de automatische piloot doorsjezen'. Meestal zie je heel snel na de afrit al die mooie rustige kleine landweggetjes en pittoreske landschappen waar het prettig toeven is. Als je uitstapt, voel je de ruimte en de ontspanning. Je merkt wel je pijn maar tegelijkertijd zie je ook de natuur, je hoort de vogels, ruikt de geuren van de bossen en het land. Ineens zie je die mooie bloem en hoe intens geel de bloemblaadjes zijn. Je staat echt stil bij wat je waarneemt en wat je daarbij zelf denkt en voelt. Het geeft je het gevoel helemaal op je gemak te zijn met jezelf en je omgeving.

Aandachtig zijn betekent zonder te oordelen met je aandacht helemaal in het 'hier en nu' zijn. Je staat stil bij wat je nu waarneemt, wat je denkt, maar ook wat je voelt in je lichaam. Het gaat niet om wat je nog moet doen of om wat je zou moeten ervaren. Het gaat om wat je op het moment zelf ervaart.

Aandachtvol zijn is niet altijd even gemakkelijk. Hoe vaak ben je met je gedachten niet ergens anders? Je gaat bijvoorbeeld uit eten en je bent er met je gedachten helemaal niet bij. Achteraf weet je niet eens hoe het eten smaakte. Aandachtvol zijn betekent dat je er wel helemaal bij bent.

Aandachtig zijn noemt men ook wel *mindfulness*. Dat kun je ook vertalen met:
- opmerkzaamheid;
- oplettendheid;

- aandacht;
- aandachtvol zijn;
- je bewust zijn van wat er gebeurt.

Een veel gebruikte Westerse omschrijving komt van de bekende Amerikaanse psycholoog Jon Kabat-Zinn en luidt 'een bewustzijn van moment tot moment, dat wordt ontwikkeld door het doelbewust aandacht schenken aan dingen waar we gewoonlijk niet bij stilstaan'. De aandacht is hierbij zonder te oordelen gericht op de dingen om je heen en in jezelf. Dus ook op pijn en alle ervaringen die daarmee samenhangen.

Mindfulness als manier van omgaan met ziektes en tegenslagen is een bekende techniek die al duizenden jaren wordt gepraktiseerd in oosterse culturen. Het vond aan het eind van de vorige eeuw zijn weg naar het Westen en kreeg aandacht binnen de psychologie en psychotherapie. Het blijkt ook in het Westen een weldadige positieve invloed te hebben zowel op mensen met mentale als op mensen met fysieke pijn.

Aandachtig zijn is niet oordelen

Aandachtig zijn is iets anders dan beredeneren of oordelen. Als je op straat een man in een knalgele regenjas ziet passeren en je ziet zijn gestalte, de regenjas, de kleur en zijn manier van lopen, ervaar je dus een man in een gele regenjas. Je zou deze man enige tijd met aandacht kunnen volgen. Maar je zou ook kunnen oordelen en redeneren: 'Daar gaat weer zo'n excentriek figuur, die zo nodig moet opvallen. Ik ken dat soort types wel, zij willen altijd aandacht trekken'. Als je oordeelt en redeneert, ben je waarschijnlijk niet meer aandachtig want je brengt je geest in een andere toestand. Bij een oordeel heb je al snel de indruk dat het de werkelijkheid weerspiegelt: 'Mannen in gele regenjassen zijn gewoon aandachttrekkers'. Je geest bouwt zo zijn eigen werkelijkheid op en je neemt niet meer zuiver waar. Aandachtig zijn, is waarnemen met het besef wanneer je oordeelt. Je doorziet dan je oordeel, laat het voor wat het is en je gaat weer verder met aandachtig waarnemen.

Aandacht en aanvaarding

Door problemen met aandacht tegemoet te treden, leer je pijnlijke belevingen beter te verdragen. Ook fysieke pijn. Met bewuste aandacht omgaan met pijn betekent dat je erkent en aanvaardt dat pijn vooralsnog in je leven een rol speelt. Aanvaarden heeft te maken met aandacht hebben voor je eigen ervaring op het moment dat je haar opmerkt. Je probeert je ervaring niet te manipuleren, veranderen, verdoezelen of omzeilen. Je probeert je ogen niet te sluiten voor de realiteit maar deze met aandacht precies zo te waar te nemen zoals ze is, ook al maakt dat je soms bang of verdrietig. Dat geldt ook voor een sombere stemming, heftige spanning, een nare gedachte en fysieke pijn. Juist door er niet aan te willen ontkomen of het niet te willen onderdrukken vermindert de werking van onplezierige emoties, gedachten of neigingen. Je ervaart meer ruimte rondom je pijn.

Belangrijkste kenmerken van 'aandachtig zijn'

Hier volgen de opvallendste kenmerken van 'aandachtig zijn':

1 *Hier en nu.* Je brengt je aandacht naar het moment zelf, naar het hier en nu. Je bent met je aandacht bij wat er zich op dat moment aan je voordoet (zoals pijn) en niet bij andere zaken, zoals de toekomst of het verleden.
2 *Herkennen van oordelen.* Je merkt wanneer je geest begint te oordelen ('deze pijn hoort er niet te zijn'). Je herkent dat als een gewoonte van je geest. Je laat het oordeel voor wat het is en je schakelt weer over op pure aandacht.
3 *Geen automatische piloot.* Je handelt niet vanuit routine, maar je bent je bewust van wat je doet. En wanneer je er wel toe neigt vanuit de automatische piloot te handelen, ben je je daarvan bewust. Zodoende kom je er minder snel toe om zonder na te denken in zinloos herhalend gedrag te vervallen. Je ervaart dat niet de macht der gewoonte maar jij zelf kiest wat je doet.
4 *Zintuigen gebruiken.* Je bent je bewust van de dingen en de gebeurtenissen om je heen omdat je bewust je zintuigen gebruikt. Je kunt onafgebroken stilstaan bij wat je ziet, hoort, ruikt, voelt of proeft. Je kunt deze sensaties aandachtig in je opnemen.
5 *Ervaringen beschrijven.* Je kunt een gebeurtenis of persoonlijke ervaring op een rustige neutrale manier benoemen. Je bent in staat aan een ander te vertellen wat je waarneemt of hierover iets over op papier te zetten.
6 *Lichamelijke sensaties opmerken.* Je merkt wat je in je lichaam voelt en je kunt er ook enige tijd bij stilstaan.
7 *Innerlijke ervaringen opmerken.* Je kunt een emotie of gedachte, beelden, impulsen, herinneringen op het moment zelf bewust ervaren en je aandacht er enige tijd bij houden. Je merkt daarbij dat de emotie een emotie is, de gedachte een gedachte is, het beeld een mentaal beeld is, enzovoort.

8   *Eén tegelijkertijd.* Je doet één ding tegelijkertijd. Je kunt opgaan in die activiteit terwijl je aandachtig blijft bij wat je doet.
9   *Accepteren.* Je bent bereid om innerlijke ervaringen (gedachten, emoties, beelden en herinneringen, enz.) en fysieke sensaties (zoals pijn) te ervaren precies zoals ze voor jou zijn. Je accepteert de huidige situatie, je verzet je er niet tegen en kunt tevreden zijn met wat je nu ervaart.
10 *Geduld.* Je voelt je geduldig en rustig bij wat je doet en meemaakt. Je aanvaardt het tempo waarin dingen gebeuren.

Aandachtig zijn kun je leren. Door regelmatig te oefenen, word je er steeds beter in. In de nu volgende hoofdstukken vind je aanwijzingen. Je kunt nu eerst nagaan of je al regelmatig aandachtig bent.

Zelfonderzoek

Ben ik aandachtig?
Stop een paar keer per dag met wat je doet en ga dan na:
- Heb je aandacht voor het hier en nu? Of ben je bezig met andere zaken, de toekomst of het verleden?
- Herken je wanneer je geest oordeelt? En kun je dat oordeel laten voor wat het is: alleen een gedachte?
- Handel je niet vanuit de automatische piloot?
- Ben je je bewust van de dingen en de gebeurtenissen om je heen?
- Kun je de huidige gebeurtenis of je ervaring op een rustige neutrale manier benoemen?
- Merk je wat je voelt in je lichaam (ook de pijn) en kun je er ook een tijdje bij stilstaan?
- Ben je je bewust van je emoties, gedachten, beelden of herinneringen? En kun je je aandacht daar een tijdje bijhouden?
- Ben je bereid dat wat je nu ervaart gewaar te worden precies zoals het op dit moment is?
- Doe je één ding tegelijkertijd?
- Aanvaard je het tempo waarin dingen nu gebeuren?

Kun je al aandachtig zijn, ook als je pijn hebt? Misschien zegt je geest dan: 'Dat kan niet, eerst moet die pijn weg'. Zie dit als een natuurlijk reactie van je geest. Die is al tienduizenden jaren gewend te blijven doorrennen. Geen aandacht hebben voor de eigen ervaringen zit bij mensen ingebakken. Daarom moeten we aandacht regelmatig oefenen. Gelukkig is er ook een deel van jezelf dat wel heel goed in staat is om aandacht te hebben voor alles wat je meemaakt. Het heet 'observerend zelf' en daar gaat volgende hoofdstuk over.

Meekijken vanachter je ogen

Het observerende deel van jezelf

> Bea (44 jaar, chronische rugpijn): Rugpijn overheerste mij steeds. Het was de hoofdfilm in mijn gedachtewereld. Ik dacht non-stop aan pijn. Het gekke was dat ik me dit eigenlijk jarenlang niet bewust was. Het is zoals wanneer je tot je middel in het water staat, maar je ziet het zelf niet. Als een ander dan zegt 'hé, wat doe jij daar in dat water?' ben je verbaasd wat er aan de hand is. Nu doorzie ik beter als pijn mijn gedachtewereld overheerst.

Bea leerde haar eigen gedachten te bekijken. Dit observerende vermogen hebben we allemaal. Neem maar eens een willekeurig voorwerp voor je zoals een pen. Ga even rustig zitten en neem die pen aandachtig waar. Wat merk je dan? Je ziet de kleur, het oppervlak, het materiaal, de vorm en de lengte. Misschien heb je er gedachten over: 'wat een mooie pen' of 'hé, deze lijkt erg op de pen die ik vroeger had'. Maar er gebeurt tegelijkertijd nog iets. Het gaat zo vanzelf dat je het nauwelijks merkt. Je neemt tegelijkertijd ook waar dat je de pen waarneemt. Zonder te oordelen ben je er getuige van dat je een pen observeert en dat je daar gedachten over hebt. Je kijkt bij wijze van spreken over je eigen schouder mee. In de psychologie noemt men dit 'het observerende zelf'.

Toen je vanochtend opstond, wat zorgde ervoor dat je je ervan bewust was dat je om je heen keek en de eerste stap buiten het bed zette? Wat zorgt er nu voor dat je, nu je dit boek leest, merkt dat je aan het lezen bent? Dat is het deel van je persoon dat we 'het observerende zelf' noemen. Het is alsof je hiermee de wereld waarneemt vanachter je eigen ogen. Het observerende zelf neemt waar dat je ogen hebt en dat je aan het kijken bent. Door het observerende zelf ben je je ervan bewust dat jij het bent die voelt, ziet, hoort, ruikt en proeft. Het observerende zelf is ook op de achtergrond aanwezig wanneer je geest gedachten, herinneringen en mentale beelden produceert. Je bent er je dan van bewust dat jij het bent die innerlijke ervaringen heeft.

Het observerende zelf is gedurende ons hele leven op de achtergrond aanwezig en vaak stilletjes getuige van wat we meemaken. Veel mensen ervaren het als een van de meest oorspronkelijke en permanente delen van zichzelf.

Het observerende zelf merk je vooral op als je in een rustige, beschouwende sfeer bent. Niet als je gehaast of gestrest van de ene naar de andere afspraak rent of wanneer je vanuit een vechthouding op acties bent gericht. Als je je pijn geduldig waarneemt, merk je dat jij het bent die de pijn waarneemt en dat jij gedachten ervaart zoals 'weg met die pijn' of 'wat heb ik toch een ellendig leven'.

Allerlei gedachten, gevoelens, sensaties en herinneringen gaan en komen in ons leven maar je observerende zelf blijft daarbij onveranderd de getuige. Je kunt het vergelijken met het luchtruim, waar wolken, wind, regen en sneeuw gaan en komen, maar het luchtruim zelf wordt er niet door aangetast.

Dit roept bij menigeen de vraag op: als ik dan niet mijn gedachten, gevoelens, sensaties en herinneringen ben, wat ben ik dan wel? Hierover zijn veel boeken vol geschreven, maar een eenvoudig antwoord kan zijn: je bent een combinatie van verschillende aspecten van jezelf zoals

- *Het denkende zelf.* Dit deel van jezelf produceert logische gedachten, redeneringen en oordelen. Het maakt verhalen en verklaringen over hoe je leven in elkaar zit en het bedenkt een beeld van je zelf.
- *Het ervarende zelf.* Het deel van je zelf dat heel direct ervaart wat er hier en nu gebeurt. Hiermee ervaar je je omgeving en je lichaam maar ook je innerlijk zoals je gevoelens, gedachten, herinneringen, mentale beelden, enzovoort.
- *Het observerende zelf.* Het deel van jezelf dat zonder te oordelen getuige is van wat we waarnemen en dat we waarnemen.

Als je chronische pijn hebt en je geest piekert zich suf hoe ervan af te komen, staat je 'denkende zelf' op de voorgrond. Je geest probeert de pijn te controleren door veel na te denken en de pijn niet te ervaren (ervarend zelf). Als het denkende zelf op de voorgrond staat, kun je je er ook minder goed bewust van worden dat jij het bent die pijn voelt (observerend zelf).

Veel mensen met chronische pijn vinden het onderscheid tussen het denkende zelf en het observerende zelf lastig te maken. Toch is het essentieel. Het denkende zelf oordeelt en trekt conclusies: 'Ik heb een rotjeugd gehad'. Het observerende zelf is neutraal en beschouwend: 'Ik heb het idee dat ik een rotjeugd heb gehad'. Nog een voorbeeld, denkend zelf: 'Ik ben een bangerik', observerend zelf: 'Ik ervaar angst'.

Waarom is dit observerende zelf zo belangrijk voor mensen met chronische pijn? Wanneer je je observerende zelf inschakelt, heeft dat ondermeer de volgende effecten:
- je laat je minder meeslepen door pijngedachten waardoor je geen 'vuile pijn' creëert;
- je leert het onderscheid te zien tussen 'schone pijn' en 'vuile pijn';
- je laat je niet meeslepen door pijngedachten waardoor je niet automatisch gaat vechten, vluchten of verstijven van angst;
- je ervaart meer rust en standvastigheid;
- je krijgt meer het gevoel jezelf te zijn;
- je wordt milder voor jezelf en voor anderen;
- je leert meer van je ervaringen;
- je wordt flexibeler, omdat je niet vasthoudt aan je gedachten en gevoelens;
- je leert jezelf en je hele situatie inclusief de pijn echt te aanvaarden.

Is het eenvoudig om het observerende zelf in te schakelen? Ja, heel gemakkelijk zelfs. Je hoeft niets nieuws te leren, alleen maar op te merken dat het er is. Net als iemand die zijn geurvermogen wil ontwikkelen. Iedere dag even bewust ruiken aan bloemen of geurstoffen doet het reukvermogen toenemen. Hier volgt een oefening.

Oefening

Ontwikkelen van het observerende zelf
- Sluit tien seconden je ogen. Neem dan alle geluiden waar die je kunt horen. Wees je ervan bewust dat jij het bent die de geluiden waarneemt.
- Doe hetzelfde met dingen die je kunt zien, voelen, ruiken, proeven.
- Neem vier herinneringen uit verschillende periodes in je leven: je peutertijd, je pubertijd, tussen je zestiende en je vierentwintigste en van onlangs. Concentreer je één voor één op deze herinneringen. Terwijl je dat doet, probeer je je bewust te zijn dat jij de herinnering voor je ziet.

- Richt je aandacht ook op je pijn, neem hem aandachtig waar. Wees je er daarbij van bewust dat jij het bent die de pijn waarneemt.
- Ga na waar je aan denkt als je je pijn waarneemt. Welke gedachten heb je? Wees je bewust dat jij het bent die de gedachten waarneemt.
- Wees je ervan bewust dat alles wat je waarneemt, voelt, denkt, je herinnert en doet observeerbaar voor je is als je in gedachten een stapje achteruit doet en de positie van de waarnemer inneemt.

Merk je al dat, met inschakelen van het observerende zelf, een dimensie wordt toegevoegd aan het ervaren van pijn, geuren, kleuren, smaken, gevoelens, enzovoort? Het is net alsof er een beetje aangename afstand ontstaat tussen jou en je ervaringen. Of word je nog gehinderd door gedachten zoals 'ik heb wel wat beters te doen, de pijn moet eerst weg'? Neem die gedachten dan waar als een interessant verschijnsel en wees je ervan bewust dat jij het bent die deze gedachte waarneemt. Misschien besef je dan dat dit soort gedachten de bedoeling heeft je af te houden van het directe ervaren. Wil je hierin meegaan? Of wil je leren stoppen met vechten en aandachtig ingaan op je persoonlijke ervaringen? Lees dan in het volgende hoofdstuk hoe het 'hier en nu' de directe toegang hiertoe biedt.

Zijn waar je nu bent

Hier en nu ervaren

Ben je op de koffie bij een vriend en vecht je ondertussen met de pijn? Dan is je geest waarschijnlijk gericht op het voorkomen van allerlei situaties die pijn met zich mee kunnen brengen. Je proeft nauwelijks hoe lekker de koffie is. Je geest maakt een plan hoe je straks op tijd in de winkel kunt zijn zodat je geen pijn krijgt door lang bij de kassa in de rij te staan. 'Smaakt de koffie?' vraagt de vriend. Maar jij bent met je gedachten in de supermarkt. Als je later in de supermarkt bent, produceert je geest de gedachte dat je daarna ook nog naar de sportschool moet anders verslappen je spieren en krijg je later nog meer pijn. Ben je daarna in de sportschool dan krijg je het idee 'ik moet straks snel naar huis om te rusten anders word ik te moe'. Lig je vervolgens thuis op de bank te rusten dan komen de gedachten aan al die dingen die je eigenlijk nog zou moeten doen, maar waar je nu niet aan toekomt vanwege de pijn. Lig je dan uiteindelijk 's avonds moe in bed dan komt je geest weer met de gedachte wat er morgenochtend als eerste gedaan moet worden en hoe je dat kunt aanpakken zonder al te veel pijn te ervaren. Zo ben je met je aandacht nooit waar je op dat moment bent maar altijd ergens anders. Je kijkt steeds vooruit. 'Hier en nu' gaat niet om fantaseren over prettige zinvolle ervaringen in de toekomst, maar om wat je hier nu echt meemaakt.

> Ankie (23 jaar, chronische bekkeninstabiliteit): Mijn vriend zegt vaak: 'Waar zit je nu weer?' En dan zeg ik grappenderwijs: 'Hier bij jou', maar ik weet heel goed wat hij bedoelt. Ik ben weer helemaal weg met mijn gedachten. Lichamelijk ben ik present, maar in gedachten zit ik weer eens op een andere planeet.

Opgaan in het 'hier en nu' kun je leren. Door de pijn te nemen zoals die op dat moment is, ben je hier en nu. De stress waarmee het 'vechten tegen pijn' normaal omringd is, kan dan wegebben en er kan een laagje ontspanning rond de pijn ontstaan. Blijf je er echter wel van bewust dat je geest vaak zal roepen dat je aan toekomstige gevaren moet denken en pas mag rusten als de pijn over is. Wat je geest je probeert wijs te maken, is te vergelijken met de toerist in het nu volgende verhaal.

> Een westerse toerist doet een klein Zuid-Amerikaans vissersdorpje aan. Hij complimenteert een visser met de kwaliteit van de vis en vraagt hoe lang het hem kostte deze vis te vangen. 'Niet lang', antwoordt de man. 'Ik heb namelijk maar heel weinig nodig, precies genoeg om mijn familie te onderhouden'. 'Maar wat doe je dan de rest van de tijd?', vraagt de toerist. 'Ik slaap veel, speel met mijn kinderen, houd een siësta met mijn vrouw. 's Avonds zie ik mijn vrienden, dan zingen we wat en ik speel gitaar'. Dan legt de toerist uit dat hij veel meer zou kunnen verdienen als hij iedere dag langer zou vissen. Hij zou zijn bedrijf kunnen uitbreiden, meer boten kopen, mensen in dienst nemen, naar de grote stad verhuizen, misschien zelfs emigreren! 'En hoe lang zou dat duren?', vraagt de visser. 'Twintig, misschien vijfentwintig jaar' antwoordt de westerse toerist. 'En wat dan?', vraagt de visser. 'Dan heb je uiteindelijk een hoop geld, misschien wel vele miljoenen'. 'En dan?', vraagt de visser. 'Dan kun je met pensioen en doen wat je wilt'. Verbaasd kijkt de visserman de toerist aan en zegt: 'Je bedoelt dat ik dan kan doen wat ik nu hier doe: leven zoals ik wil?'

Hoe vaak zegt je geest niet 'het gaat niet om wat je *nu* meemaakt. Later, als je van de pijn af bent, is het allemaal veel beter'. Je doet wat de toerist in het verhaal suggereerde. Je rent en vecht je suf van 's morgens vroeg tot 's avonds laat met de bedoeling dat je *ooit* een rustig leven kunt gaan leiden. Maar misschien zou je bij chronische pijn vaker het perspectief van de relaxte visser kunnen kiezen 'wat ik hier nu ervaar is oké'.

Waarom is het hier en nu zo belangrijk voor mensen met chronische pijn? Omdat pijn een persoonlijke actuele ervaring is. Het hier en nu is een betere remedie bij chronische pijn dan het gevecht. Als je er anders mee wilt omgaan kun je beter aanwezig zijn waar de pijn is. Dat is gewoon in het hier en nu. Of anders gezegd: *Alleen als je zelf verschijnt in je huidige leven kun je anders met pijn leren omgaan.*

De volgende oefening heeft als doel je in contact te brengen met je huidige omgeving en met je huidige ervaringen. Je kunt de oefening ook opnemen op een voicerecorder en hem regelmatig afspelen.

Oefening

'Hier en nu'
- Vraag je af: 'Waar ben ik nu?'
- Neem een moment om om je heen te kijken. Wat zie je? Kijk naar wat er te zien is in je omgeving. Zie het en laat het weer los.
- Wat hoor je nu? Welke geluiden merk je op? Is er een geluid dat je aandacht trekt? Wat is het? Neem het waar. Luister ernaar. Wees er met je aandacht bij. Geeft dit geluid je een bepaald gevoel? Merk dat dan op. En ga weer verder.
- Kun je iets ruiken op dit moment? Of ruik je gewoon helemaal niets? Roept deze geur een bepaald gevoel op? Sta stil bij dit gevoel. Als je merkt dat je in een herinnering schiet of in een fantasie, ga dan weer terug naar het hier en nu. Je bent nu hier bezig je aandacht op het huidige moment te richten.
- Breng nu je aandacht naar je lichaam. Wrijf eens even in je handen. Hoe voelt dat? Hoe voelt je huid aan? Ga nu met je aandacht naar andere delen van lichaam. Hoe voelt je lichaam daar? Is het ontspannen of juist gespannen?
- Is er een bepaald gedeelte van je lichaam waar je je nu bewust van bent? Neem het waar zoals je het nu ervaart en niet zoals je het zou moeten ervaren.
- Voel het contact dat je lichaam maakt met de stoel waarop je zit, of met het bed waarop je ligt, of de grond waarop je staat. Neem eenvoudig alleen waar wat je merkt.
- Breng nu je aandacht naar je pijn. Je hoeft niet bang te zijn want je hoeft het alleen maar even op te merken. Kijk of je je pijn even kunt waarnemen zonder erin verstrikt te raken of hem weg te drukken. Waar voel je pijn? Hoe voelt het (licht, scherp, dof, drukkend, los, kloppend, constant, in golven)? Merk dat de pijn kan variëren en kan veranderen van plaats.

- Wees je ervan bewust dat jij het bent die nu je pijn waarneemt: volg het. Houd er niet aan vast, maar laat het er gewoon zijn zoals het is.
- Kijk nu of er innerlijke ervaringen in je bewustzijn zijn gekomen. Als dit zo is, merk ze dan op. Wat voel je nu? Ben je bang, verdrietig, boos, blij of gewoon neutraal? Merk het op en laat het weer los.
- Richt je aandacht op gedachten. Wat denk je? Welke herinnering heb je? Welke beelden gaan door je hoofd? Sta er even bij stil en laat ze los. Als er gedachten zijn die klinken als een stem in je hoofd: luister er even naar alsof je naar een radio luistert en laat ze dan los.
- Heb je bepaalde herinneringen? Merk op, als je er helemaal in opgaat, alsof het weer is als toen. Merk dat het alleen een herinnering is en laat hem los.
- Richt nu je aandacht weer op je hele lichaam.
- Sluit de oefening af door je aandacht weer op je omgeving te richten.

Je kunt de 'hier en nu'-oefening doen zolang je wilt. Veel mensen vinden het prettig een dagboekje bij te houden van hun ervaringen met 'hier en nu'-oefenen. Misschien kun je daarvoor een schrift aanschaffen.
Ben je bereid nog verder te gaan met aandachtig zijn? Zie dan gedachten zoals 'ik heb geen tijd' als de opmerkingen van de westerse toerist uit dit hoofdstuk. In het volgende hoofdstuk kun je leren aandacht te hebben voor je lichaam.

Luisteren naar het lichaamsorkest

Stilstaan bij lichamelijke sensaties, de bodyscan

Als pijn je vijand is, wordt je lichaam je vijand en worden gevoelens je vijand en worden herinneringen je vijand. Voor je het beseft, ben je zelf je vijand. Pijn accepteren betekent vriendelijk en aandachtig zijn voor je lichaam. Veel mensen met chronische pijn ervaren hun lichaam helemaal niet als aangenaam. Het voelt voor hen als de bron van alle ellende.

> Theo (42 jaar, chronische rug- en nekpijn; werkte tweeëntwintig jaar op een scheepswerf): 'Ik heb mijn lichaam altijd gezien als een soort machine. Ik heb het flink verwaarloosd. Altijd te veel getild en boven mijn hoofd gewerkt. Ik reageerde nooit op de signalen van mijn lichaam. Laat naar bed, roken, drinken en alsmaar doorgaan. Toen die pijn kwam wilde ik er niets van weten. Maar op den duur bleef het maar doorzeuren en had ik het helemaal gehad met mijn lichaam. Wat heb je eraan als het toch alleen maar pijn doet en ellende geeft? Ik had mijn lichaam eigenlijk vaarwel gezegd. Tot ik op de mindfulnesstraining kwam.

Pijn ervaren in een lichaam waarvan je wilt wegvluchten, voelt totaal anders dan pijn ervaren in een lichaam dat je durft te voelen. Als je de worsteling met pijn wilt stoppen, vormt het aanvaarden van sensaties in je lichaam de basis. Stilstaan bij je lichaam is te vergelijken het met luisteren naar een veelzijdig stuk muziek gespeeld door een filharmonisch orkest. Er zijn overheersende en meer subtiele klanken. Er zijn gedeeltes die aanzwellen tot een fors geluid en passages die langzaam naar de achtergrond verdwijnen. Er zijn sensaties als het meeslepende geluid van de violen, het bombastische geluid van pauken, het serene geluid van de fluit of het pingelen van de triangel. Hoe intensiever je naar de geluiden luistert, des te meer je hoort. Hoe meer je je openstelt voor de muziek, hoe meer je het kunt leren waarderen.

Lichaamssignalen vormen de basis van emoties, wensen, beelden en herinneringen. Je kunt heel nieuwe gebieden in jezelf ontdekken door te luisteren naar de signalen van je lichaam.

Een eenvoudige manier om te luisteren naar je lichaam is de oefening 'lichaamsscan'. Dat is een aandachtsoefening waarbij je verschillende lichaamsdelen aandachtig, niet veroordelend, waarneemt. Je leert heel nauwkeurig en stelselmatig stil te staan bij je lichaam, zonder een lichaamsdeel of -gebied over te slaan. Zodoende leer je je lichaam intenser te voelen en er contact mee te maken. Je kunt het ervaren als 'weer thuiskomen' in je eigen lichaam. De volgende oefening kun je ook opnemen op een voicerecorder en dan later afspelen en de instructies volgen.

Oefening

De lichaamsscan

1. Neem de tijd voor onderstaande oefening, minimaal 20 minuten. Zorg er ook voor dat je niet gestoord wordt. Ga zitten of liggen in een gemakkelijke houding waarbij je je comfortabel voelt. Gebruik kussens onder je hoofd of knieën als je dat prettig vindt. Zorg ervoor dat je het warm genoeg hebt. Doe je ogen dicht als je dat prettig vindt.
2. Richt je aandacht op je ademhaling. Adem rustig en gelijkmatig en ontspan je buik. Richt je aandacht op de beweging van je buik. Als je inademt, laat je je buik uitzetten. Als je uitademt, gaat je buik weer vanzelf terug. Volg dan aandachtig je gewaarwordingen bij het in- en uitademen. Blijf met je aandacht bij je buik. Laat de ademhaling vanzelf gaan, zonder te proberen hem beheersen of te beïnvloeden.
3. Voel hoe je erbij ligt of zit van je hoofd tot je voeten. Voel hoe je lichaam contact maakt met het bed, de vloer of de stoel.
4. Dan richt je je aandacht op je linkervoet. Je richt je aandacht op alles wat je voelt in je linkervoet: een bloedvat dat klopt, een zwaar gevoel, een warm gevoel, een licht gevoel, een tinteling, enzovoort. Bespeur je geen gewaarwording? Merk dat dan gewoon op zonder te oordelen. Sta jezelf dan toe 'geen gevoel' te voelen. Voel ook de veranderingen in de tempera-

tuur, het contact met je sokken, schoenen, een deken of de lucht. Probeer nog nauwkeuriger te voelen, teen voor teen. Voel ook de bovenkant van je voet, en de onderkant. Ga af toe weer even met je aandacht naar het in- en uitademen. En merk hoe je je ademhaling ook kunt voelen in je linkervoet.

5   Ga dan met je aandacht naar je linkeronderbeen. Concentreer je op de gewaarwordingen net als je bij je linkervoet deed. Laat die gewaarwordingen ook weer los en blijf vervolgens weer even bij je ademhaling stilstaan en ga dan naar de knie en vervolgens naar het bovenbeen en de heup.
6   Doe datzelfde met je rechtervoet, rechteronderbeen, rechterknie, rechterbovenbeen en rechterheup.
7   Scan op dezelfde manier langzaam je vingers, handen, armen, eerst links dan rechts.
8   Scan vervolgens aandachtig je bekken en dan je onderbuik. Ga dan naar je onderrug en vervolgens naar je bovenrug, je borst en daarna naar je schouders. Ga door met je nek en gezicht (ook de binnenkant van de mond en de keel).
9   Als je alle lichaamsdelen hebt gehad, ga je met je aandacht weer naar je ademhaling. Blijf nog even rustig zitten of liggen en blijf met je aandacht bij je lichaam.
10 Richt je aandacht tot slot weer op de omgeving. Laat je lichaam weer langzaam in beweging komen.

Sommige mensen vinden het prettig om zich bij de lichaamsscan voor te stellen dat een band van licht met een breedte van ongeveer tien à twintig centimeter langzaam over hun lichaam trekt. Het is alsof dat licht je lichaam scant. Wanneer de band van licht op bepaalde lichaamsdelen schijnt, probeer je daar de sensaties gewaar te worden. Bij de lichaamsscan is het volgende ook van belang.

Laat innerlijke ervaringen weer los
Alle innerlijke ervaringen die tijdens een lichaamsscan opkomen, kun je het beste zien als een impuls, een gedachte, een herinnering, een beeld, een wens, een oordeel. Je kunt ze het beste aanvaarden, er ge-

woon laten zijn en weer loslaten om vervolgens je aandacht weer op de lichaamsdelen te vestigen.

Neem je pijn waar en ga verder

Het kan lastig zijn wanneer pijn steeds je aandacht wegneemt. Een van de dingen die je dan kunt doen, is er niet tegen vechten of ervan wegvluchten. Op een vriendelijke begripvolle wijze observeer je dat je aandacht naar de pijnlijke plek gaat. Vervolgens breng je je aandacht weer naar waar je gebleven was. Als je dan het pijngebied nadert, blijf dan zonder te oordelen de gewaarwordingen volgen.

Laathe tnastr even van effect los

Probeer geen effecten na te jagen zoals pijnreductie of ontspanning. Het kan heel goed zijn dat je minder pijn en meer ontspanning ervaart. Dat is prima. Maar het is niet het doel. Het gaat om puur gewaarworden en aandachtig zijn zonder te oordelen. Het niet nastreven van effect kan best lastig zijn. Onze westerse geest is afgestemd op effect met gedachten zoals 'wanneer wordt de pijn minder?' Neem deze insteek van je geest waar en zeg tegen jezelf: 'Kijk eens, daar is weer zo'n gedachte over effect', en ga met je aandacht terug naar je lichaam. Neem het effect van de bodyscan zoals het komt. Je kunt deze oefening daarom beter beschouwen als een meditatie zonder een bepaald resultaat te willen boeken. Dat is essentieel.

Oefenr egelmatig

De eerste keren kan deze oefening knap moeilijk zijn. Maar bedenk: oefening baart kunst en geleidelijk aan kun je leren te wennen aan je eigen lichaamservaringen.
Oefen de lichaamsscan daarom dagelijks op een rustige plaats. Wanneer dit lukt, kun je het ook een paar keer per dag wat korter doen als onderbreking van je activiteiten. Doe dan bijvoorbeeld de volgende oefening.

Oefening

Eén-minuut-lichaamsscan
1 Richt je aandacht op je lichaam. Doe even je ogen dicht als je dat prettig vindt en als de omstandigheden dat toelaten.
2 Neem waar hoe je erbij staat, zit of ligt.

3   Richt dan je aandacht vijf seconden op je ademhaling zonder te proberen deze te beheersen of te beïnvloeden.
4   Ga met je aandacht naar verschillende lichaamsdelen en sta zonder te oordelen een paar seconden stil bij wat je voelt in achtereenvolgens je:
    – linkervoet, linkerbeen;
    – rechtervoet, rechterbeen;
    – linkerhand, linkerarm;
    – rechterhand, rechterarm;
    – bekken;
    – buik;
    – rug;
    – borst;
    – schouders;
    – nek;
    – gezicht.

5   Richt je aandacht tot slot weer op je omgeving en ga door met de dagelijkse activiteiten

Doe deze oefeningen enkele malen per dag (drie tot vijf keer, maar meer mag ook).

De 'één-minuut-lichaamsscan' is bijvoorbeeld heel geschikt als je in een rij staat te wachten, tijdens het reizen met het openbaar vervoer of tijdens een saaie vergadering.
Vertrouwd raken met je lichaam gaat samen met emoties ervaren. Daar gaat het volgende hoofdstuk over.

Emoties welkom heten

Emoties (h)erkennen

Emoties komen vaak op een lichamelijke manier tot uitdrukking. Je verbleekt bijvoorbeeld van schrik of loopt rood aan van woede. Emoties zijn verbonden met tal van lichamelijke processen zoals spiertrillingen, hartslag, doorbloeding van de huid, bloeddruk, darmwerking, enzovoort. In de volksmond bestaan daarom talloze uitdrukkingen voor de fysieke uiting van emoties zoals 'mijn hart staat stil', 'ik kan mijn ogen niet droog houden', 'ik heb een brok in de keel', 'dit is adembenemend', 'zij spuwt haar gal'.
Langdurige pijn kan er echter voor zorgen dat je de emotionele signalen van je lichaam niet meer herkent. Je bent zo op pijn gericht dat je lichaamssignalen die met emoties te maken hebben verwart met pijn. Klopt je hart snel, spannen je spieren zich en voel je het bloed naar je hoofd stijgen? Je denkt al snel dat dit met pijn te maken heeft, terwijl het evengoed kan betekenen dat je boos bent.

> In de therapiegroep vraagt de therapeut aan Hans (25 jaar, fibromyalgiepatiënt) wat voor emoties hij ervaart. Hans heeft zijn vuisten gebald en zijn wenkbrauwen gefronst. Hij zegt: 'Ik heb geen emoties op dit moment. Ik heb erg veel pijn in mijn armen en schouders.' De therapeut antwoordt: 'Dat lijkt me naar. Je maakt op mij ook een boze indruk.' Hans: 'Dan weet jij meer dan ik; ik voel alleen maar pijn.'

Emoties helpen je om gezond te functioneren. Ze attenderen je razendsnel op zaken die van belang zijn. Angst helpt je bijvoorbeeld snel door te lopen als een auto in volle vaart het zebrapad nadert. Boosheid helpt je op te merken dat je het niet prettig vindt dat iemand in de winkel voordringt en zorgt ervoor dat je alert reageert. Door emoties communiceer je met anderen en kun je razendsnel acties ondernemen die noodzakelijk zijn. Met de hulp van emoties reageer je veel sneller dan wanneer je eerst nadenkt. Door het herkennen en uiten van emoties richt je je handelingen veel eerder op wat je zelf wilt. Mensen die emoties gemakkelijk herkennen en uiten blijken in het algemeen ook gezonder te zijn dan mensen die dat niet doen. Kijk dus uit voor ontkennen, opkroppen, oppotten, overmatig onder controle houden, wegdrukken en verdringen van emoties. Het vreet energie en kan je gezondheid negatief beïnvloeden.

Emoties niet herkennen en ook niet uiten, is als een vogel opsluiten in een doosje. Je hoort het tikken van de vleugels tegen het deksel, maar je herkent het niet als het geluid van een vogel. Anders omgaan met pijn betekent ook lichamelijke signalen die bij emoties horen (h)erkennen. Als je ze herkent, kun je 'het doosje openen en de vogel de vrije natuur in laten vliegen'. Je geest kan hiertegen protesteren met gedachten als 'gevoelens de vrije loop laten is gevaarlijk', 'gevoelens tonen is een teken van zwakte' of 'het heeft geen nut'. Zie dit als goedbedoelde uitingen van het rationele brein. Vecht er niet tegen, beschouw het als gedachten die komen en weer gaan en bepaal zelf of je je openstelt voor emoties of niet.

Stilstaan bij emoties

Stilstaan bij wat je voelt in je lichaam en herkennen welke emoties daarbij horen, kun je bewust oefenen. Je kunt het zien als het leren kennismaken met je emoties en ze welkom heten in je bewustzijn. Zie hiervoor de volgende oefening en de tips daarna.

Oefening

Herkennen van emoties bij lichamelijke ervaringen
1. Ga rustig zitten of liggen. Concentreer je op je lichaam.
2. Richt dan je aandacht op je ademhaling. Adem rustig en gelijkmatig en ontspan je buik. Richt je aandacht op de beweging van je buik. Als je inademt, laat je je buik uitzetten. Als je uitademt gaat je buik weer vanzelf terug. Als je één of beide handen even op je buik legt, kun je dit gevoel met nog meer aandacht volgen. Volg dan aandachtig je gewaarwordingen bij het in- en uitademen. Blijf met je aandacht bij je buik. Laat de ademhaling vanzelf gaan zonder te proberen hem te beheersen of te beïnvloeden.

3 Richt je aandacht nu op de rest van je lichaam (als dat niet lukt doe dan eerst de lichaamsscanoefening (zie hoofdstuk 18).

4 Let nu op de verschillende sensaties in je lichaam. Hoe voelen de lichaamsdelen aan? Gespannen, losjes, onrustig, gevoelig, licht, zwaar, beklemd, ontspannen, prettig, pijnlijk, warm, koud, enzovoort. Wees opmerkzaam waar in je lichaam deze sensaties zich afspelen. Richt nu ook je aandacht op je totale lichaam. Hoe voelt het aan? In welke houding liggen of staan je voeten, benen, romp, armen, hoofd?

5 Sta nu stil bij de emoties die je ervaart bij deze lichamelijke sensaties. Probeer je in gedachten open te stellen voor deze emoties. Wanneer je dit lastig vindt, kijk dan eerst eens of je een van de volgende vijf hoofdemoties ervaart: bang, boos, bedroefd, beschaamd of blij (de vijf B's).

6 Als je tijdens het oefenen het gevoel krijgt overspoeld te worden door emoties, richt je aandacht dan eerst weer op je ademhaling.

7 Wanneer het je verschillende keren lukt een van deze gevoelens te herkennen, kun je nog wat preciezer je emoties proberen te benoemen. Ga na of je misschien een van de volgende emoties ervaart:

   a *veelvoorkomende prettige emoties*, blijdschap, geluk, hoop, liefde, mededogen, ontroering, opgeluchtheid, opgetogenheid, plezier, tederheid, tevredenheid, trots, uitbundigheid, genegenheid, opgewektheid, verliefdheid, vreugde;
   b *veelvoorkomende onprettige emoties*, afgunst, afwijzing, angst, belediging, boosheid, verdriet, ergernis, frustratie, hopeloosheid, jaloezie, minachting, somberheid, ongelukkigheid, ontevredenheid, paniek, radeloosheid, schrik, schuld, spijt, teleurstelling, walging, wanhoop.

8 Sluit de oefening af door weer met je aandacht naar je ademhaling te gaan.

9 Richt je aandacht tot slot weer op de omgeving. Laat je lichaam weer langzaam in beweging komen.

Emoties kun je op allerlei manier ontdekken. Hier volgen nog enkele tips:

Vergelijk het met iets wat je kent.
Ervaar je een lichamelijk signaal dat waarschijnlijk met een emotie te maken heeft? Heb je moeite het onder woorden te brengen? Vergelijk wat je voelt dan met iets wat je kent: 'Het voelt als...' of 'Ik ervaar het als...'.

Gebruik je creativiteit
Je kunt emoties behalve in woorden ook non-verbaal uitdrukken. Maak een tekening, een schilderij of iets van klei. Druk daarin uit wat je voelt.

Praat met anderen
Vraag iemand die je vertrouwt om je te helpen bij het tot uitdrukking brengen van een emotie: 'Ik voel iets maar kan het niet benoemen. Het voelt als...'. Dan kan de ander je helpen door bijvoorbeeld te zeggen: 'Als ik het zo hoor komt dat bij mij over als...'. Sla gesprekken over het weer of hoeveel je nieuwe auto heeft gekost soms over. Ga voor een gesprek over innerlijke ervaringen (ik voelde..., ik dacht..., ik wilde..., ik droomde..., ik herinnerde me...).

Ga je lichaamshouding na
Je lichaamshouding zegt veel over je emotionele toestand. Ga regelmatig na wat de stand van lichaamsdelen is zoals je voeten, benen, romp, handen, armen, schouders en hoofd? Welke emotie past hierbij?

Onderscheid angst, somberheid, boosheid en pijn
Deze emoties gaan gepaard met dezelfde lichamelijke signalen als pijn: gespannen spieren, hartkloppingen, zweten, ademtekort, trillen, matheid, futloosheid. Leer het onderscheid maken tussen wanneer je boos, somber of angstig bent en wanneer je lichamelijke pijn hebt.

Laat los
Emoties (h)erkennen gaat gemakkelijker als je onderkent dat emoties vergankelijk zijn. Ze komen en ze gaan ook weer. Je leert ze het beste kennen als je ze niet vasthoudt. Vergelijk emoties met de vogel die je loslaat. Die kan wegvliegen en weer langskomen, even op je hand komen zitten en weer vertrekken. Laat je emoties dus ook komen en gaan in je bewustzijn. Het gewaarworden van emoties gaat vaak gepaard

met gedachten, herinneringen en beelden. Laat deze innerlijke ervaringen ook komen en gaan als de wolken die voorbijtrekken in de lucht.

De voorafgaande hoofdstukken gingen over 'aandachtig zijn'. Aandachtig zijn voor pijn is het tegenovergestelde van vechten tegen pijn. Misschien ben je intussen helemaal doordrongen van de noodzaak om te stoppen met vechten. Maar je geest geeft niet op. Die blijft protesteren met pijngedachten. Hoe je desondanks toch los kunt komen van die innerlijke protesten kun je lezen in het volgende gedeelte van dit boek.

V Koppel gedachten los (defusie)

Door de lens van je gedachten kijken

Over loskoppelen van gedachten: defusie

Versmelten: fusie

Door een zonnebril met gele glazen ziet de wereld er geel uit. Als je niet zou beseffen dat je die bril op hebt, is het net of de wereld geel is. Maar je kunt die bril ook afzetten, naar de gele glazen kijken en je realiseren dat het de glazen zijn die de wereld geel kleuren.
Zo gaat het ook met gedachten: je kunt de wereld waarnemen door de bril van je eigen gedachten en er volledig in opgaan. Je denkt niet alleen 'ik stel niets voor' je neemt dit ook voor waar aan. Je maakt steeds situaties mee waarin je inderdaad niets voorstelt en je gedraagt je automatisch terughoudend. Je stelt de gedachte op één lijn met de werkelijkheid waardoor je je er ook automatisch naar gaat gedragen.
Als je niet beseft dat een gedachte maar een gedachte is kan deze gaan vervloeien met de gebeurtenissen of ervaringen waar deze naar verwijst. Dit wordt in de psychologie (met name bij ACT, *acceptance and commitment therapy*) 'cognitieve fusie' of kortweg 'fusie' genoemd. Fusie betekent samenvoeging, koppeling of versmelting. Het is als twee metaalplaten die met elkaar worden versmolten. Als ze eenmaal aan elkaar vastzitten, zijn ze één geheel, niet meer uit elkaar te krijgen. Denken dat pijn verschrikkelijk is, zorgt er dan voor dat pijn ook echt verschrikkelijk aanvoelt. Fusie heeft grote invloed op je gedrag. Als je de gedachte 'ik stel niets voor' als de werkelijkheid beschouwt, zul je op een feestje als vanzelf stilletjes in een hoekje blijven zitten. De gedachte 'ik stel niets voor' wordt direct gekoppeld aan gedrag: je terugtrekken. Je verliest dus door fusie de keuzevrijheid om dat te doen wat echt bij je past en wat jij van waarde vindt.
Waarom nemen we onze gedachten zo letterlijk? Gedachten zijn toch niet meer dan woorden en beelden? Dit heeft ondermeer te maken met dat we in onze maatschappij vooral communiceren met woorden en beelden. Denk maar eens aan telefonie, internet, televisie, enzovoort. Het gaat vooral om taal en beelden. We worden talloze malen meer aan woorden en beelden blootgesteld dan pakweg honderd jaar gele-

den. Dat heeft invloed op onze geest, die woorden en beelden heel belangrijk vindt. Met woorden geven we de wereld om ons heen weer in onze geest. Allerlei problemen om ons heen kunnen we met de taal in ons hoofd oplossen zonder dat we het probleem daadwerkelijk zien. We kunnen lopend door de supermarkt beredeneren wat we straks thuis in de pan moeten gooien om een overheerlijke soep te maken. In ons brein kunnen we met taal en met beelden tal van oplossingen bedenken en plannen maken. Dat vermogen is de kracht van het menselijk ras. Daarom hebben we het in de evolutie zo ver geschopt. Taal en beelden hielpen ons tijdens onze evolutie te overleven. Daarom hechten we nog steeds zo veel belang aan taal en nemen we woorden al gauw letterlijk. Denken over een heerlijke soep die je straks wilt maken terwijl je in de supermarkt loopt, is net alsof je die soep al kunt proeven. Gedachten zijn echter altijd een vereenvoudiging van de wereld. Ze kunnen nooit de gehele werkelijkheid vangen. Echt in de keuken staan en soep maken is heel wat anders dan in de supermarkt lopen en je voorstellen dat je soep maakt. Toch menen we dat we met gedachten de complete werkelijkheid omvatten en daarmee geven we gedachten veel te veel waarde.

Als je vaak pijn hebt, kun je voor de volle honderd procent in je eigen pijngedachten gaan geloven (fusie). Je denkt bijvoorbeeld: 'Als ze zien dat ik pijn heb, denken ze dat ik niets voorstel' en je ziet het beeld voor je van mensen die je links laten liggen. Voor jou zijn deze gedachte en dit beeld pure ernst. Het is dan heel moeilijk onderscheid te maken tussen pijn en gedachten over pijn.

Zonder te beseffen dat het maar een gedachte is, grijp je naar de pijnstillers of naar de alcohol wanneer je geest zegt: 'Die pijn moet nu weg'. Het is een reflex die je automatisch volgt omdat je de gedachte voor de werkelijkheid houdt. Zo kom je in de neerwaartse spiraal van vermijden en verlies je tal van waardevolle zaken in je leven (zie hoofdstuk 3 'De neerwaartse spiraal' in deel I van dit boek).

Loskoppelen: defusie

Bij langdurige pijn is het dus belangrijk dat je niet klakkeloos volgt wat je gedachten je ingeven alsof je luistert naar het orakel van Delphi dat de enig geldende waarheid spreekt. Gedachten zijn alleen maar gedachten. Niets meer dan woorden en beelden in je hoofd. Je gelooft toch ook niet alles wat er in boeken of tijdschriften staat geschreven? Het kunnen overwegingen zijn of mogelijke invalshoeken om naar de werkelijkheid kijken. Sommige gedachten kunnen je helpen en andere helemaal niet. Dat onderscheid maken is erg belangrijk als je pijn hebt. Gedachten weerspiegelen zeker niet altijd *de waarheid*. En beelden in je hoofd evenmin. Het is belangrijk te beseffen dat gedachten, herinneringen en beelden alleen maar woorden en beelden zijn en ze te laten gaan en komen zonder er tegen te vechten of ze meer aandacht te geven dan noodzakelijk. Dit noemen we defusie.

Door defusie ontkoppel je je gedachten van de gebeurtenis of de ervaring waarnaar de gedachte verwijst. Je ontkoppelt fysieke pijn van pijngedachten en daarmee verliezen de pijngedachten hun invloed. Je bekijkt dus de wereld niet meer vanuit je gedachten maar je ziet je gedachten als een mogelijke optie: je schenkt er alleen aandacht aan als het je helpt te leven zoals jij wilt.

Gedachten zijn niet waar of onwaar. Ze zijn je vriend noch je vijand. Ze zijn zeker geen opdrachten waaraan je verplicht bent te gehoorzamen. Daarom kunnen gedachten ons nooit echt bedreigen of in gevaar brengen. Het zijn immers maar zinnen in je hoofd en jij kunt ervoor kiezen ze belangrijk te maken of onbelangrijk.

Defusie is dus niet het bestrijden van de gedachten, maar een stapje terug doen en ze met aandacht van een afstand te bekijken. Ontkoppelen zorgt ervoor dat je *naar* je gedachten kijkt in plaats van *vanuit* je gedachten. Je leert bijvoorbeeld gedachten te zien als wolken in de lucht die voorbij drijven. Defusie is een zeer sterk werkend instrument. Het geeft je meer keuzevrijheid want je gehoorzaamt niet meer automatisch je gedachten. Je kunt kiezen om dat te doen wat jouw leven zin geeft. Het geeft je een gevoel van ruimte in je hoofd en de ervaring dat jij er zelf weer toe doet.

Het is echter een valkuil de defusie-oefeningen die in de volgende hoofdstukken staan beschreven te doen met de bedoeling om de pijn weg te krijgen. Door pijn en pijngedachten weg te willen hebben, komen ze immers als een boemerang extra hard terug en treedt weer fusie op. Defusie is dus geen medicijn tegen pijn. Het kan een heel prettige ervaring zijn, maar als dat het doel wordt werkt het niet.

In de volgende hoofdstukken staan aanwijzingen hoe je overheersende gedachten, beelden en herinneringen kunt loskoppelen.

Gedachten erkennen als gedachten

Loskoppelen van pijngedachten door ze te benoemen

Pijn is een lichamelijke ervaring. Woorden hebben de kracht iets met onze lichamelijke ervaring te doen. Stel je bijvoorbeeld eens voor, terwijl je dit leest, dat je in de keuken van je huis staat. Stel je voor dat je een perzik in je hand houdt. Je voelt de zachte schil. Je houdt hem bij je neus en ruikt de zoete geur. Stel je nu voor dat je er een plakje afsnijdt en in je mond stopt.
Wat gebeurde er terwijl je hieraan dacht? Zag je de vorm van de perzik en de kleur? Liep er water in je mond? Toch was er geen perzik in je mond. Je las alleen een aantal woorden op dit papier.
Nu een voorbeeld met pijn. Stel je leest het volgende:

> 'Het meisje rent vol overgave naar haar moeder. Zij heeft haar zo gemist al die dagen. En daar is ze weer met dat vertrouwde lieve gezicht. Ze gilt het uit: 'Moeder, moeder!' Ze rent en rent... nog maar tien meter... Ze struikelt over haar eigen schoenveters en...schuift met beide knietjes over het asfalt.'

Heb je een fysieke reactie gemerkt? Kon je iets van de pijn van dat meisje waarnemen? In ons dagelijks leven hebben we steeds te maken met de kracht van woorden. Die kleine zwarte tekentjes op papier bepalen verschillende keren per dag wat we voelen. En dat geldt ook voor de woorden in ons hoofd die onze gedachten vormen. Als je bijvoorbeeld intensief aan het woord 'jeuk' denkt, kun je ergens gekriebel voelen. Bij chronische pijn is het daarom van belang dat je je realiseert dat:
– gedachten niet meer dan woorden (of beelden) in ons hoofd zijn;
– gedachten over pijn zich heel gemakkelijk vermengen met pijn zelf;
– gedachten over pijn niet hetzelfde zijn als de pijn zelf;
– gedachten op zich geen kracht hebben, ze krijgen kracht als je ze te letterlijk neemt.

– je je bewust moet worden van de gedachten over pijn en dat je zelf kunt kiezen of je doet wat ze je influisteren of niet.

Het voorgaande betekent echter niet dat de pijn niet echt is. Die is er. Waar het om gaat is dat zelfs de simpele gedachte 'ik heb pijn' betekent dat je aan het denken bent geslagen. Denken over pijn is op zichzelf niet negatief maar omgaan met pijn verloopt effectiever als je beseft dat gedachten en beelden slechts gedachten en beelden zijn. Dat kan ervoor zorgen dat 'pijn voelen' geen 'pijn lijden' wordt.
Om je bewust te worden van wat het verschil is tussen een pijngedachte, de pijn zelf en je gedrag kun je de volgende oefening doen.

Oefening

Gedachten benoemen
- Concentreer je op een gedachte die je hebt als je erg worstelt met pijn. Kies bijvoorbeeld een gedachte die je angstig, somber of boos maakt. Bijvoorbeeld 'ik kan er niet meer tegen'. Of 'ik moet mij niet zo aanstellen' of 'de pijn moet nu ophouden', enzovoort.
- Concentreer je tien seconden op deze gedachte.
- Zeg nu tegen jezelf: 'Ik heb de gedachte dat…(gevolgd door de gedachte)'. Je herhaalt dus de gedachte, maar nu voorafgegaan door de woorden 'ik heb de gedachte dat… Bijvoorbeeld 'ik heb de gedachten dat de pijn nu moet ophouden'. Of 'ik heb de gedachte dat ik mij niet zo moet aanstellen'.
- Wees je bewust wat er nu gebeurt. Misschien kun je wat meer afstand ervaren tot de gedachte. Je kunt wat meer ruimte ervaren in je hoofd. Je kunt merken dat je erdoor ontspant. Je kunt ook merken dat je net wat anders tegen de situatie aan bent gaan kijken waardoor je ook wat anders gaat voelen.
- Oefen dit regelmatig. Als je niet gewend bent wat afstand te nemen van je eigen gedachten moet je net als bij het leren van een nieuw liedje enkele malen oefenen voordat het zijn vruchten afwerpt.

> - Op een zelfde manier kan je leren andere innerlijke verschijnselen te benoemen in plaats van ermee samen te vallen. Benoem bijvoorbeeld:
>   – een gevoel: 'Ik heb het gevoel dat...'
>   – een beeld: 'Ik heb het beeld dat...'
>   – een herinnering: 'Ik heb de herinnering dat...'
>   – een verlangen: 'Ik ervaar een verlangen naar...'
>   – enzovoort.

Heb je het verschil kunnen merken tussen een gedachte ervaren als een gedachte en een gedachte ervaren als de werkelijkheid? Je geest produceert allerlei gedachten, ook in de vorm van verhalen over pijn. In het volgende hoofdstuk staat dat je die ook beter kunt beschouwen als wat ze zijn: niets meer dan verhalen.

Schitterende verhalen doorzien

Herkennen van verklarende verhalen in je geest

Mensen zijn verhalenmakers. Onze geest fabriceert graag een verhaal over ons leven en zoekt daarbij naar verbanden en betekenissen. Ons brein wil graag dat alles in ons leven verklaarbaar is, ook de pijn. We vertellen elkaar dan ook graag verhalen over ons leven en we luisteren graag naar andermans verhalen. Door de eeuwen heen kwamen overal ter wereld steeds weer mensen samen om elkaar verhalen te vertellen om zodoende de wereld om hen heen te bevatten. In onze geest is er inmiddels een speciale 'verhalenafdeling'. Verhalen over hoe je leven in elkaar steekt en over hoe de wereld in elkaar steekt.
Over pijn maakt je geest ook allerlei verhalen, zoals 'hoe pijn mijn leven verwoestte' of 'hoe ik ondanks pijn niet opgeef'. Deze verhalen komen snel bovendrijven in de geest als we aan pijn denken of erover vertellen. Maar het kenmerk van verhalen is dat het verhalen zijn en niet de werkelijkheid. Een verhaal in de krant over een brand is niet hetzelfde als de brand. En verhalen over een sportwedstrijd is niet hetzelfde als die sportwedstrijd zien of actief meedoen. Verhalen over pijn zijn niet hetzelfde als de pijn daadwerkelijk ervaren. Verhalen in onze geest vertekenen de werkelijkheid, net als roddelbladen. Daar worden feiten over het leven van bekende Nederlanders aangedikt, overdreven, uit hun verband gerukt vanwege het effectbejag. Iedereen weet dat deze verhalen overdreven zijn. De meeste bekende Nederlanders lachen om die verhalen. Het wordt een probleem als je deze verhalen voor de waarheid houdt. Verhalen over pijn kunnen je ook afhouden van een zinvol leven, vooral wanneer het verhaal gebaseerd is op het niet accepteren van pijn.
Dat je geest verhalen over pijn produceert met de bedoeling pijn te vermijden of te onderdrukken of onder controle te houden, is een gegeven. Vecht er niet tegen. Maar herken deze verhalen wel. Zie ze als een van de verhalen van je geest. Laat het verhaal dan los en richt je op echte ervaringen.

Oefening en tip

Herken de pijnverhalen in je brein

- Ga rustig zitten en concentreer je op de pijn. Probeer na te gaan welk verhaal er past bij wat je voelt en ga na waar het verhaal om draait. Voorbeelden van thema's zijn: 'ik kan niet meer werken', 'mijn leven is mislukt', 'ik leef niet echt', 'niemand vindt mij meer leuk', 'ik stel niets meer voor', 'niemand weet wat ik voel', enzovoort. Aanvaard dit als jouw favoriete verhaal dat een verhaal is en niet *de werkelijkheid*.
- Probeer in het dagelijks leven, als je brein verhalen maakt over pijn of als je met anderen over pijn praat, te herkennen welke van je favoriete verhalen er in je geest opkomen. Vecht niet tegen je verhalen. Accepteer ze als jouw favoriete verhaal en beschouw ze niet te veel als *de werkelijkheid*.

Je geest reageert op pijn met verhalen en met gedachten. In het volgende hoofdstuk kun je lezen met wat voor soort gedachten de geest reageert.

23 De gedachtewaarnemer zijn

Je gedachten herkennen

Bij fysieke pijn produceert je geest pijngedachten zoals 'ik moet er niet aan toegeven'. Deze gedachten brengen het verzet tegen pijn tot uitdrukking. Pijngedachten kunnen op zich niet veel kwaad, zolang je maar beseft dat het gedachten zijn. Als we dat niet beseffen, zetten we de pijngedachten automatisch om in niet accepterend gedrag zoals vermijden van situaties die met pijn te maken hebben.
Soms is het lastig om pijngedachten te herkennen omdat ze
- bestaan uit woorden en mensen woorden erg letterlijk nemen;
- zich presenteren als de werkelijkheid;
- plakkerig zijn: ze komen steeds terug;
- kunnen lijken op een bevel: voordat je het weet heb je eraan toegegeven;
- komen als verhalen in ons hoofd en mensen graag opgaan in verhalen;
- verklaringen en oplossingen geven en daar hebben mensen met pijn behoefte aan;
- als een dreigement overkomen en dan denken we geen seconde na of dat ook de werkelijkheid is.

Wat kun je, afgezien van wat je in de vorige hoofdstukken al leerde, nog meer doen om gedachten te herkennen als een gedachte en niet automatisch te doen wat je brein je ingeeft (fusie)? De belangrijkste vaardigheid die tot defusie (loskoppelen van gedachten) leidt is 'gedachtewaarneming'. Zodra je een gedachte puur waarneemt als een gedachte verliest die namelijk al een groot deel van zijn functie. Hij kan je dan niet meer zo gemakkelijk aanzetten tot automatische vermijding, onderdrukking of controle van de pijn. Probeer gedachten daarom waar te nemen zoals een natuurliefhebber in het bos naar de vogels kijkt. Hoe meer je weet van vogels hoe beter je ze kunt herkennen. Zo is het ook met pijngedachten. Hoe meer je weet van de verschillende soorten pijngedachten des te beter je ze kunt waarnemen.

Soorten pijngedachten

Pijngedachten hebben meestal betrekking op:
- het voelen van de pijn ('ik kan er niet meer tegen');
- de beperkingen van de pijn ('mijn leven is zo niets meer waard');
- je relatie met anderen ('anderen vinden mij een stumper');
- rechtvaardigheid ('waarom moet juist mij dit overkomen?');
- actie en oefeningen ('dit lukt mij niet').

Veelvoorkomende pijngedachten zijn:

Overmatig redeneren
Je geest zoekt overmatig naar oorzaken en verklaringen van pijn en van alle onprettige consequenties die pijn heeft. Het overmatig verklaringen en oplossingen produceren heeft als doel de pijn te verminderen of onder controle te krijgen. Voorbeelden: 'er moet een betere oplossing zijn' of 'ik heb rugpijn omdat...en omdat...en omdat...'

Moeten
Bij deze manier van denken staat het 'moeten' en het 'niet mogen' centraal. Je geest geeft je opdrachten. Als je in dit soort gedachten gelooft, stel je heel hoge eisen en strenge regels aan jezelf en je doet het eigenlijk nooit goed. Een 'moeter' accepteert de pijn niet en vindt dat hij aan de door zijn geest gestelde eisen en regels moet voldoen. Voorbeelden: 'ik moet niet zeuren, gewoon doorgaan', 'deze pijn mag er nu niet zijn', 'ik moet niet slap zijn, en gewoon doen zoals ik altijd deed'.

Rampgedachten
Rampgedachten vertellen je dat pijn een regelrechte ramp is. Pijn groeit in je gedachtewereld uit tot een groot beangstigend monster. Voorbeelden: 'dit is rampzalig', 'ik heb vast een ernstige ongeneeslijke ziekte', 'ik moet me niet verroeren anders loopt het helemaal verkeerd af'.

Zwart-witgedachten
Deze manier van denken deelt de wereld in in extreme categorieën. Je brein zegt: 'Dit is perfect en dat is waardeloos'. Of: 'Dit is goed maar dat is slecht'. Deze manier van denken wordt ook wel 'alles of niets'-denken genoemd. Het staat bol van de oordelen. Voorbeelden: 'dit is een totaal waardeloze therapie', 'als ik niet meer kan werken is mijn leven totaal waardeloos', 'mensen zijn altijd helemaal voor of helemaal tegen mij'.

Iemand die zwart-wit denkt, gebruikt vaak woorden als 'altijd', 'nooit',' totaal', 'helemaal', 'iedereen', 'overal'.

Beschuldigen
Je geest kan de hele situatie ook extreem op jou betrekken. Die is dan geneigd jou de schuld te geven van de klachten en jou als persoon heel negatief te beoordelen. Voorbeelden: 'het is allemaal mijn eigen schuld', 'ik ben niets waard'.
Maar je geest kan ook de andere kant opschieten en veronderstellen dat anderen de schuld zijn van jouw pijn. Typische beschuldigende gedachten zijn 'zij hadden beter moeten weten' of 'zij hebben het niet goed gedaan'. Anderen beschuldigen maakt je op de duur gefrustreerd, teleurgesteld of zelfs achterdochtig.

Controle houden
Je geest probeert alles, ook jezelf, onder controle te houden en zegt bijvoorbeeld: 'Ik moet alles in de hand houden anders loopt het verkeerd af'. Je denkt: 'Wat ik in mijn hoofd heb moet gebeuren' of 'Als ik mijn gevoelens niet onder controle heb ben ik mislukt'.

Negatief denken
Op den duur let je geest vooral op de negatieve delen van een gebeurtenis en de positieve ziet het over het hoofd. Je kijkt door een donkere bril, die alles zwart kleurt. Je bent hierdoor geneigd eerder op te geven, want je krijgt allerlei ontmoedigende gedachten. Voorbeelden: 'het komt nooit meer goed met mij' of 'alles mislukt toch altijd'.

Andere pijngedachten
Generaliseren: je brein trekt een conclusie die voor alle situaties geldt, bijvoorbeeld na een teleurstellende ervaring met een vriend. 'Vrienden kunnen mij niet helpen.'
Gedachten lezen: invullen wat een ander denkt en dat als een vaststaand feit nemen. 'Zij denkt dat ik niets voorstel.'
Aardig gevonden moeten worden: denken dat iedereen je altijd aardig moet vinden en dat je het dus iedereen constant naar de zin moet maken. 'Zij vindt mij vast niet aardig. Wat moet ik in vredesnaam doen om dit weer goed te maken?'

Pijngedachten waarnemen

Wanneer je wilt leren niet helemaal overgeleverd te zijn aan bovenstaande gedachtepatronen zou je kunnen leren ze waar te nemen en te herkennen. Je hoeft ze niet te veranderen of aan te vallen, want meestal werkt dat averechts. Je hoeft ze alleen te onderkennen als pijngedachten. Hoe? Als je merkt dat de pijn toeneemt, ga je even zitten en schrijf je het tijdstip op, hoeveel pijn je hebt, waar je bent, wat je doet of wat er gebeurt (of te gebeuren staat). Dan schrijf je op wat je denkt. Je kunt een registratieformulier gebruiken zoals in tabel 6.

Tabel 6	Registratie van pijngedachten			
Tijdstip/ datum	Hoeveel pijn ervaar ik? Geef een cijfer tussen 1 en 10	Waar ben ik?	Wat doe ik. Wat gebeurt er? Wat staat er te gebeuren?	Welke gedachte(n) ervaar ik?
___	___	___	___	___
___	___	___	___	___
___	___	___	___	___
___	___	___	___	___
___	___	___	___	___
___	___	___	___	___

Als het bewust worden van gedachten niet direct wil lukken, kun je ook proberen het achteraf op een rustiger moment op te schrijven. Je kunt dan dezelfde vragen beantwoorden.

Wanneer je op den duur je pijngedachten voldoende hebt leren herkennen, kun je merken dat je veel meer vrijheid ervaart. Je kunt nu zelf kiezen de gedachte te volgen of niet. Je kunt bekijken of een gedachte over pijn je helpt om een waardevol leven op te bouwen of niet.

In het volgende hoofdstukje staat hoe je het besef dat een pijngedachte maar een gedachte is nog verder kunt versterken.

24 Je geest bedanken

Innerlijk markeren van pijngedachten

De meeste pijngedachten kun je beter wat luchtig opvatten en ze dan loslaten. Schijnbaar zwaarwichtige gedachten zoals 'door de pijn ben ik een mislukte ouder' zou je met een glimlach tegemoet kunnen leren treden want een gedachte is maar een gedachte. Bij sommige gedachten lukt dat gemakkelijker dan bij andere. Neem bijvoorbeeld de gedachte 'ik ben een banaan'. Als je hieraan denkt, merk je misschien dat deze gedachte je weinig doet. Je moet er misschien om lachen. Waarom? Omdat je de onzin van deze gedachte inziet. Maar als je chronische pijn hebt en je denkt 'ik ben een mislukkeling', dan hecht je daaraan ineens wel belang! Waarom? Omdat je in de loop van de tijd steeds vaker aan deze gedachte bent gaan vasthouden en je hem steeds serieuzer bent gaan nemen. Terwijl deze gedachte ook maar een gedachte is net als 'ik ben een banaan'.

Iedere keer dat je een pijngedachte doorziet (zoals 'het komt nooit meer goed met mij') en laat voor wat hij is, heb jezelf een enorme dienst bewezen. Je hebt iets essentieels gedaan! Je kunt nu zelf kiezen om je te richten op gedachten die je wel helpen een waardevol leven te leiden.

Het waarnemen en loslaten van pijngedachten die je van je levenswaarden afhouden, zou je dus bewust, vaak en heel duidelijk moeten doen. Het gaat als volgt:

Tip

Je geest bedanken
Als je geest een van die bekende pijngedachten produceert, bedank hem dan of spreek hem steeds op dezelfde manier toe. Je zou, in stilte, kunnen zeggen: 'Bedankt voor deze bijdrage', of: 'Dat is ook een gedachte', of gewoon: 'Bedankt'. Waar het om gaat, is dat je in je hoofd de pijngedachte markeert. Maak duidelijk aan je geest dat de gedachte je is opgevallen maar dat je

er verder niets mee doet als hij je niet helpt in de richting van je levenswaarden. Belangrijk is dat je niet de strijd aangaat met je geest, dus niet aanvallen of op een sarcastische of agressieve toon bedanken. Je kunt je geest bedanken net als wanneer je het drankje dat een goede vriend je zojuist aanbood, afslaat: 'Dank je wel'.

In het volgende hoofdstuk staat hoe je gedachten nog luchtiger kunt leren op te vatten.

25 Zeg het nog eens

Gedachten relativeren door ze te herhalen

Gedachten hebben meestal een beperkte visie op de werkelijkheid. Daarom kun je beter goed blijven waarnemen dan blindvaren op je gedachten. Gedachten kun je vergelijken met de stem van een navigatiesysteem in je auto. Die stem vertelt je constant wat je moet doen: 'bij de volgende kruising links', 'bij de volgende straat rechts', enzovoort. Een navigatiesysteem maakt autorijden veel makkelijker. Maar het is wel belangrijk dat je je realiseert dat een navigatiesysteem niet de werkelijkheid compleet weergeeft. Een navigatiesysteem kan je totaal de verkeerde kant op wijzen, bij wegomleggingen, nieuwe wegen, openstaande bruggen, spoorwegovergangen en andere onverwachte verkeerssituaties. Er is een geval bekend van iemand die zijn navigatiesysteem niet had geüpdatet en in het water reed toen hij niet zag dat er een brug was verwijderd. Sommige mensen hebben een navigatiesysteem met de stem van hun favoriete artiest. Er is een geval bekend dat iemand zo opging in deze stem dat hij niet op de weg lette en een ongeluk veroorzaakte. Het is dus heel belangrijk je ogen goed te blijven gebruiken als je auto rijdt. Een navigatiesysteem is maar een navigatiesysteem. De stem van het navigatiesysteem is alleen maar een elektronische stem, meer niet. Zo is het ook met gedachten over pijn. Zij kunnen je helpen, maar ook van de wal in de sloot helpen. Blijf daarom vooral zelf goed waarnemen en zie gedachten vooral als gedachten en niet als de werkelijkheid.
Misschien is het gemakkelijker om gedachten, die per slot van rekening maar woorden zijn, los te laten als je je ook realiseert dat veel in ons leven via non-verbale kennis (zonder woorden) verloopt. Stel je bijvoorbeeld eens voor dat je in een wereld leeft zonder fietsen. Je hebt nog nooit een fiets gezien en nog nooit iemand zien fietsen. Stel dat iemand je in woorden gaat uitleggen hoe een fiets er uitziet om je vervolgens gedetailleerd te vertellen hoe je moet fietsen: 'Je gaat op het zadel zitten, pakt met beide handen het stuur vast en houdt met je ene been contact met de grond en je andere voet zet je op het pedaal en dan...'. Stel nu dat alles in detail wordt uitgelegd. Daarna ga je naar buiten en

daar zie je voor het eerst van je leven een fiets. Denk je nu dat je met al die verbale kennis in je hoofd kunt fietsen? Waarschijnlijk niet. Leren fietsen is niet helemaal uit te leggen in woorden. Je moet het ook zien en je lichaam moet het zelf proberen... allemaal kennis zonder woorden. Zelfs een eenvoudige handeling als een kopje koffie naar je mond brengen is niet helemaal in woorden te vatten. We bezitten motorische kennis (zonder woorden) over hoe je een kopje koffie naar je mond moet brengen. Zou je deze non-verbale kennis niet hebben, dan kwam er van het koffie drinken helemaal niets terecht en van fietsen ook niet. Woorden hebben dus maar beperkte invloed terwijl onze geest ons anders doet denken. Die is dol op de gedachten, woorden en zinnen die erin ronddwalen.

Gedachten lijken soms zo compleet waar, zoals de gedachte 'ik mag geen rugpijn hebben'. Je geest vertelt je dat deze gedachte de waarheid is en niets dan de waarheid. Maar als je doet wat de gedachte je ingeeft, leidt dat dan in de juiste richting? Dat is waar het om draait. Je kunt de gedachte volgen of naast je neerleggen al naargelang deze je helpt te leven naar je eigen waarden.

Bij de volgende oefening is het de bedoeling dat je een pijngedachte oproept en deze meerdere keren hardop herhaalt waardoor hij zijn onwillekeurige invloed verliest. Wat er gebeurt is te vergelijken met wanneer je favoriete cd blijft steken. Je hoort je favoriete artiest een woord of een passage steeds herhalen. Ineens ben je je ervan bewust dat je naar een cd luistert, niet meer dan naar een stukje kunststof. Door herhaling kun je je ook ervan bewust worden dat een gedachte maar een gedachte is.

Oefening

Een pijngedachte met één woord herhalen
- Ga na welk gedeelte van je lichaam het meest pijn doet (als het te lastig is je daar even op te concentreren, neem dan een deel van je lichaam dat minder pijn doet).
- Schrijf alle gedachten en gevoelens die je daarover hebt op. Bijvoorbeeld 'het moet nu ophouden' of 'ik haat deze rotpijn'.
- Selecteer de gedachte die het meest in je opkomt in het dagelijkse leven.
- Probeer de gedachte terug te brengen tot een enkel woord. Bijvoorbeeld als je denkt 'dit is een ramp' zou je dit kunnen

terugbrengen tot het woord 'ramp'. Denk je 'mijn leven is waardeloos' breng het dan terug tot het woord 'waardeloos'. Is het woord 'pijn' het meest opvallend? Breng de gedachte dan terug tot het woord 'pijn'.

- Zoek een rustig plekje op waar je even alleen kunt zijn en zeg dit woord vijftig keer achter elkaar hardop: ramp, ramp, ramp…, waardeloos, waardeloos, waardeloos… of pijn, pijn, pijn…
- Als je klaar bent ga dan na:
  – Wat gebeurde er met het woord?
  – Leek het woord ook niet een beetje vreemd te worden en zonder enige betekenis?
  – Heeft het woord nog hetzelfde effect op je als hiervoor?
  – Roept het nog dezelfde emoties op als hiervoor?

Niet alleen woorden in je hoofd maar ook mentale beelden kunnen sterk bepalen hoe je omgaat met pijn. In het volgende hoofdstuk staat hoe je innerlijke beelden van pijn met meer afstand kunt bekijken.

Niet met je neus er te dicht bovenop

Met de juiste innerlijke afstand pijn waarnemen

Wat zie je als je in de bioscoop een paar meter van het doek op plaatsje nekkramp zit? Je beleeft de film heel anders dan vanaf de middelste rij. Of nog sterker, stel je ziet de film van een halve meter afstand. Wat neem je dan nog waar? Alleen bewegende kleuren. Het juiste perspectief ontstaat door de juiste afstand. Zo is het in de bioscoop, in het museum, in de natuur, maar ook bij het waarnemen van je pijn.

> Thea (25 jaar, heeft ernstige reuma vooral in handen, polsen en knieën): 'Op slechte dagen lever ik de hele dag een gevecht met mijn pijn. De hele dag is dan gevuld met pijn, pijn en nog eens pijn. Het valt als een zwarte deken over mij heen. Ik zit eronder en zie niets anders dan pijn.'

Innerlijke beelden over pijn kunnen ook heel bepalend zijn. Als je die beelden niet herkent in je geest kunnen ze samenvloeien met de pijn (fusie) zoals verbale gedachten kunnen samenvloeien met de pijn (fusie). Je neemt de pijn dan niet meer vanuit het juiste perspectief waar net als wanneer je in de bioscoop op plaatsje nekkramp zit.

Bij hoofdpijn kan je geest bijvoorbeeld het innerlijke beeld maken van een ijzeren band om je hoofd. Als dat beeld heel erg voorop staat in je geest, zonder dat je je ervan bewust bent dat het maar een beeld is, kan het veel invloed hebben op je waarneming van de hoofdpijn en op je gedrag. Je kunt de pijn alleen nog maar waarnemen als een ijzeren band. Het kan het gevoel oproepen van beklemming, vastzitten, geen adem kunnen krijgen, neergedrukt worden.

Opmerken dat er een verschil is tussen het beeld van de pijn en de pijn zelf is van groot belang bij het omgaan met pijn. Je kunt dit leren met visualisatie. Daarbij kun je je een beeld van de pijn voorstellen om het dan met enige afstand te bekijken zoals op de middelste rij in de bioscoop of in een museum. Zo ervaar je wat meer ruimte, waardoor je minder gevangen zit in de pijn. Hier volgen de aanwijzingen.

Oefening

Met afstand kijken naar je pijn
- Ga rustig zitten of liggen. Neem de pijn aandachtig waar.
  Wees je bewust van hoe je het ervaart.
  - Waar zit de pijn precies?
  - Hoe groot is de pijnplek: hoe lang, hoe breed, hoe dik?
  - Welke vorm heeft het?
  - Hoe voelt de pijn: dof, scherp, constant, kloppend, in golven?
  - Gebruik nu ook je fantasie en ga verder.
  - Voelt het als van een bepaald materiaal? Wat voor soort: ruw, zacht, hard?
  - Lijkt het ergens op (bijvoorbeeld, een bal, een stuk steen, een levend wezen...)?
  - Welke kleuren heeft het?
  - Zie het totale beeld met de omvang, de vorm, het materiaal en de kleuren nu voor je.

- Stel je voor dat je van een afstand kijkt naar je eigen weergave van de pijn. Stel je bijvoorbeeld voor dat je in een bioscoop zit en op het scherm naar de weergave van pijn kijkt. Of stel je voor dat in een museum een object staat dat jouw pijn verbeeldt. Kijk er aandachtig naar en stel je voor dat je verschillende afstanden inneemt.

- Wees je ervan bewust dat jij het bent die deze weergave waarneemt. Stel je ook voor dat je jezelf ziet terwijl je kijkt naar de visualisatie van je pijn. Zo leer je ook het verschil te ervaren tussen wie jij bent en wat je pijnbeleving is.

Hoe heb je deze oefening ervaren ? Kon je je een beeld vormen van de pijn en er op afstand naar kijken? Als het nog moeilijk is je een tijdje op de pijn te concentreren, neem dan om te oefenen een deel van je lichaam dat minder pijn doet. Sta stil bij wat je daar voelt en probeer er op de hiervoor aangegeven manier een beeld van te vormen.

Sommige mensen denken vooral in beelden. Heb jij dat ook? Dan zou je misschien bij pijn wat vaker kunnen kijken welke beelden je geest produceert. Probeer je bewust te concentreren op dat beeld om je vervolgens voor te stellen dat je het van een afstand bekijkt.

Doe die gedachte in je zak

Afstand ervaren tot storende gedachten

Pijngedachten kunnen op den duur kleverig worden. Je kunt je er nauwelijks nog van losmaken. Ze zijn net als zoete plakkerige stroop. Het maakt niet uit wat je probeert, je geest blijft zo denken. Je kunt de gedachten wel proberen van je af te schudden, zoals vliegen op een warme zomerdag, maar waarschijnlijk komen ze steeds terug. Het afschudden van de gedachten lijkt de plakkerigheid eerder te versterken. Maar door je gedachten te observeren, zonder er helemaal in te geloven, kunnen jij en je gedachten ook vreedzaam samenleven. Hoe zeker je geest ook is van een gedachte het blijft maar een gedachte. Het is niet de realiteit, niet je vriend en ook niet je vijand. Het is alleen een gedachte. Je kunt ernaar handelen, of niet. Die keus is aan jou zelf. Ben je in voor een grappige, verhelderende ervaring?

In het volgende experiment kun je een gedachte over pijn op een papiertje meedragen als een alledaags voorwerp. Net zoals je het geld in je portemonnee, een boterham in je broodtrommel, of het boodschappenbriefje in je broekzak met je mee kunt dragen. Zo kun je een dagelijkse pijngedachte eens op een heel andere manier beleven.

Ervaringsoefening

Een gedachte meedragen als een alledaags voorwerp

- Kies één van je meest plakkerige gedachten. Een gedachte over pijn die de hele dag door je hoofd maalt...'ik red het niet meer' of 'ik ben een mislukkeling', enzovoort.
- Schrijf deze gedachte op een klein stukje papier.
- Draag dit stukje papier de hele dag met je mee. Stop het in je portemonnee of in je broodtrommel, in de zak van een kledingstuk of stop het in je schoen. Stop het daar waar je het ook een paar keer per dag zult zien. En als je het in je schoen

stopt, vouw het dan zo dat je het regelmatig voelt zitten en je realiseert 'daar zit die plakkerige gedachte'.
- Vraag jezelf regelmatig af: 'Hoe voelt het om deze gedachte over pijn met me mee te dragen als een voorwerp?'
- Vraag je zelf aan het einde van de dag: 'Hoe was dit? Hoe voelt deze afstand tot mijn gedachte? Als een verademing, als meer ruimte, als lichtheid?'
- Vraag je af: 'Kan ik dit ook met andere gedachten doen?'

Dit soort ervaringen leert ons dat we gedachten bij ons kunnen dragen zonder daarmee de zeggenschap over ons leven te verliezen. In het volgende hoofdstuk kun je via visualiseren je gedachten loskoppelen van de pijn en van je gedrag.

Pijngedachten voorbij zien trekken

Loslaten en aanschouwen van pijngedachten

Onze gedachten komen in golven
Als ze er zijn lijken ze helemaal de werkelijkheid
Totaal en voor altijd
Het volgende moment zijn ze vertrokken en we vergeten ze
We zijn al weer bezig met de volgende golf

Jon Kabat-Zinn, grondlegger van Mindfulness-Based Stress Reduction

Gedachten en beelden hebben één belangrijke eigenschap gemeen. Ze zijn niet constant aanwezig in je geest. Denk maar eens aan iets eenvoudigs als een stoel. Zie die stoel voor je. Hoe lang kun je dat beeld vasthouden? Tien seconden, twintig seconden? Het ebt weg om vervolgens misschien weer te verschijnen. Gedachten en beelden zijn als wolken in de lucht die aan ons voorbijtrekken. Ze zijn niet als granieten rotsblokken die voor eeuwig op dezelfde plaats blijven liggen. Gedachten, beelden en herinneringen hebben net als emoties de eigenschap in ons bewustzijn te verschijnen en weer te verdwijnen. Neem je de tijd dan kun je dat hele proces, net als bij de wolken in de lucht die komen en gaan, nauwkeurig waarnemen. Als we onze gedachten niet observeren, ons er niet bewust van zijn, hebben we geen afstand meer tot onze geest en vallen ermee samen. Denken 'ik moet niets van de pijn laten merken' beschouw je dan als een onontkoombare werkelijkheid. Je kijkt niet meer naar de wolken; je staat er met je hoofd middenin. Je ziet niets meer. Dat de weerman zegt dat er opklaringen komen, hoor je niet eens want die wolk rond je hoofd zorgt ervoor dat je niets anders meer waarneemt. Bij fusie, het versmelten van gedachten en werkelijkheid, houden we zo vast aan onze gedachten en beelden dat we denken dat het de enige werkelijkheid is. We worden boos, verdrietig, angstig, ontmoedigd en gestrest en zien niet in dat het onze eigen gedachten zijn die dit veroorzaken.

'Vanuit je pijngedachten waarnemen' of 'je pijngedachten waarnemen' is een subtiel maar essentieel verschil. Leren om pijngedachten en pijnbeelden waar te nemen en dan los te laten dat is waar het om draait. Het maakt het verschil tussen 'pijn lijden' en 'pijn ervaren'.

Verschillende visualisatieoefeningen kunnen je helpen gedachten en beelden los te laten en ze te beschouwen als een innerlijk verschijnsel dat komt en weer gaat. Hierna vind je een paar voorbeelden van zulke oefeningen. Je zult merken dat het draait om 'loslaten' en ' zien komen en gaan'.

Oefeningen

Gedachten zien komen en gaan

Ballonnen de lucht in
Richt je aandacht op de pijn. Stel je in gedachten een prachtige bijna windstille zomerdag voor met een strakblauwe lucht. Stel je voor dat je een tros ballonnen in je handen hebt. Deze ballonnen zijn gevuld met een licht gas zodat ze langzaam de lucht in gaan zodra je ze loslaat. Stel je nu voor dat je een kaartje hebt waarop een van je pijngedachten staan geschreven, bijvoorbeeld: 'Ik houd dit niet meer vol'. Het mag ook een kaartje zijn waarop een van de mentale beelden staat die met pijn te maken hebben. Stel je nu voor dat je dit kaartje aan de ballon knoopt en de ballon loslaat. Kijk hoe de pijngedachte kleiner en kleiner wordt als de ballon hoger en hoger gaat. Als je merkt dat je gedachten afwalen, neem dat dan voor kennisgeving aan. Richt je op een volgende pijngedachte of pijnbeeld en stel je weer voor dat ze met een ballon de lucht in gaan. Doe dit vijf minuten achtereen. Wanneer je vaker aan dezelfde gedachte moet denken, schrijf die gewoon steeds weer op, bind het kaartje aan de ballon en laat hem gaan.

Bladeren die voorbijdrijven in de rivier
Stel je voor dat je op een mooie warme zomerdag aan een prachtige, traag stromende rivier zit. Zo nu en dan dwarrelt er een groot boomblad in het water en dat drijft mee op de stroom. Denk nu aan je pijn. Wees je ervan bewust welke pijngedachten of

pijnbeelden er bij je opkomen. Telkens wanneer er een gedachte of een beeld bij je opkomt, stel je je voor dat die op een voorbijdrijvend blad staat. Laat die bladeren met daarop die gedachten in woorden of beelden voorbijdrijven. Als je merkt dat je gedachten afdwalen, neem dat dan voor kennisgeving aan en ga in gedachten weer aan de rivier zitten. Neem steeds weer je gedachten of beelden over de pijn waar. Zet ze op een boomblad en laat het voorbij drijven. Doe dit vijf minuten.

Een variant van deze oefening is dat je je gedachten of beelden op een stuk hout zet en vervolgens voorbij ziet drijven.

Muziekparade
Stel je voor dat je op de tribune zit bij een parade van fanfarekorpsen. Het ene na het ander fanfarekorps trekt voorbij. En ieder fanfarekorps heeft een aantal vaandels die worden meegedragen. Eén aan het begin, één in het midden en één aan het einde van het fanfarekorps. Het is een mooie dag en de verschillende korpsen spelen opgewekte marsmuziek als ze aan de tribune voorbij trekken. Op elk vaandel staat één van je pijngedachten: 'pijn is een ramp' of 'pijn verpest mijn leven'. En daar zit je dan op de tribune, kijkend naar je eigen gedachten. Wees je ervan bewust dat jij het bent die naar je pijngedachten kijkt.

Andere visualisaties van 'komende en gaande gedachten'
Nog een paar voorbeelden:
- Je ziet wolken in de lucht aan je voorbijtrekken en in die wolken staan pijngedachten geschreven of zijn beelden te zien die je vaak beleeft.
- Je staat voor een lopende band. Hierop passeren gedachten en beelden.
- Je ziet auto's voorbij rijden. Op iedere auto staat een gedachte of een beeld.
- Een goederentrein trekt aan je voorbij en op iedere wagon staat een zin of plaatje die een pijngedachte of een mentaal beeld weergeeft.

- Je staat boven op een brug en onder je passeren schepen die op weg zijn naar open water. Op de boten zijn jouw gedachten en mentale beelden geschilderd. De ene na de andere boot passeert.

Ondertussen heb je misschien wel door wat de bedoeling is. Probeer zelf ook eens een vergelijkbare visualisatie te maken.
Iedere gedachte die je tijdens de oefening stoort, kun je ook in de oefening invoegen. Als je geest tijdens het oefenen komt met de gedachte 'dit heeft geen nut, stop ermee' schrijf je die gedachte denkbeeldig op een kaartje, op een boomblad of op een vaandel en zie je hem in gedachten wegvliegen of voorbij trekken.

Wanneer een pijngedachte maar door je hoofd blijft spoken, kun je een van bovenstaande visualisatieoefeningen doen. Wanneer je veel piekert, kun je alle piekergedachten waarnemen en invoegen in een van de oefeningen. Probeer daarbij wel steeds even een plek te vinden waar je ongestoord kunt visualiseren.
Wanneer in je hoofd verschillende gedachten met elkaar strijden zoals de gedachte 'ik ben een slappeling' en 'natuurlijk ben ik geen slappeling' kan het extra moeilijk zijn ze los te laten. In het volgende hoofdstuk staat hoe je dit toch kunt visualiseren.

Op de tribune plaatsnemen

Je bewust zijn van elkaar bestrijdende gedachten

Wanneer je de gedachte 'pijn is mijn verdiende loon' bekijkt, besef je wellicht direct de absurde kanten. Met een beetje nuchter verstand zie je dat het een overdreven stelling is. Dus komt je geest met een tegenovergestelde gedachte zoals 'je mag best een beetje milder voor jezelf zijn'.
We hebben allemaal geleerd met redelijkheid te reageren op onredelijke informatie. Als je denkt 'door deze pijn is mijn leven niets waard' en je kijkt eens goed naar deze gedachte, zul je beseffen dat dit niet erg redelijk is en ook niet erg logisch. Dus protesteert er iets in je geest 'dit leven kan best de moeite waard zijn!' En wat gebeurt er vervolgens? Heb je jezelf hiermee overtuigd? Nee, meestal niet. Meestal blijft de oorspronkelijke gedachte even sterk zo niet sterker aanwezig. De tegenovergestelde bewering impliceert nog steeds dat het leven met pijn niet de moeite waard zou kunnen zijn. De ontkenning bevestigt de mogelijkheid dat de gedachte wel waar is. Bovendien kun je een gedachte met geen mogelijkheid met een tegenovergestelde gedachte onderdrukken, omdat gedachteonderdrukking het tegenovergestelde effect heeft (zie hoofdstuk 2 'Denk niet aan witte beren' in deel I van dit boek).
Er ontstaat dikwijls een wedstrijd in ons hoofd van voor- en tegenargumenten. Het is te vergelijken met een wedstrijd zoals een voetbalwedstrijd, een hockeywedstrijd of een tenniswedstrijd. Zodra de ene partij een beweging maakt, reageert de andere partij. Zolang je als speler in het veld staat, ben je partij en roept alles wat je doet aan de andere kant een tegenreactie op. Beweer je in het heetst van de strijd iets onredelijks dan krijg je als tegenreactie juist iets redelijks te horen. Ben jij echter de partij die iets redelijks beweert, dan komt de andere kant met een onredelijke pijngedachte. Je zult zodoende ongetwijfeld soms vorderingen maken en je niet laten meeslepen door onredelijke gedachten, maar zolang je deel uitmaakt van de strijd kom je uiteindelijk niet zo ver. Er zijn altijd argumenten die tegenspreken wat jij bedenkt. Wie bestrijdt hier eigenlijk wie? In feite is je geest in strijd met zichzelf.

Valt hieraan te ontkomen? Zeker. Stel je voor dat er een strijd plaatsvindt tussen voor- en tegenstanders. Je kunt nu kiezen om het strijdtoneel te verlaten. Vertrek van het wedstrijdveld en ga op de tribune zitten. Bekijk de strijd van buitenaf als toeschouwer. Zie hoe pijngedachten andere gedachten oproepen die de zaak proberen te relativeren. Aanschouw dit pingpongspel van gedachten. Zo ga je niet ten onder aan je gedachten maar kun je ze met een zekere afstand waarnemen en rustig en neutraal blijven.

Oefening

Op de tribune plaatsnemen en naar de wedstrijd kijken
- Neem een van de pijngedachten die je vaak hebt (zie daarvoor ook de oefening in hoofdstuk 23 'De gedachtewaarnemer zijn').
- Zeg deze pijngedachte enkele malen hardop (of in jezelf).
- Wees je er nu van bewust of er tegenargumenten in je hoofd opkomen.
- Kijk eens of voor- en tegenargumenten zich in je hoofd afwisselen. Wees je ervan bewust dat er in je hoofd verschillende gedachten met elkaar in de strijd zijn.
- Stel je voor dat je vanaf de tribune naar een sportwedstrijd kijkt met een rode en een witte partij die de verschillende gedachten voorstellen.
- Wees je ervan bewust dat jij geen van de twee partijen bent. Je bent vanaf de tribune een toeschouwer van deze wedstrijd.
- Als je dit kunt zien, ben je los van elkaar bestrijdende gedachten. Je kunt nu veel beter bepalen wat je doet omdat je weet wat jijzelf van waarde vindt.

Hebben vorige hoofdstukken je ondertussen voldoende duidelijk gemaakt wat loskoppelen van gedachten inhoudt? Kun je je gedachten steeds vaker doorzien als alleen maar woorden en beelden? Dan kun je nu leren bewust te kiezen welke gedachten je wilt volgen en welke niet omdat ze je niet helpen te leven zoals jij wilt. In het volgende hoofdstuk staat hoe.

Winkelen in je geest

Bruikbare gedachten herkennen

Pijngedachten zijn er in allerlei geuren, kleuren en formaten: gedachten die eindeloos pijn analyseren, gedachten die zeggen dat je de pijn links moet laten liggen, gedachten die zeggen dat pijn een verschrikkelijke ramp is en ga zo maar door. Sommige pijngedachten staan prominent vooraan in de etalage van je geest en andere staan op een plekje achterin. Met veel van die gedachten hoeven we verder niets. Ze gaan en ze komen en het is voldoende te constateren 'daar is er weer zo een'. De vraag waar het steeds om draait is: *Helpt een gedachte mij te leven in de richting van mijn levenswaarden?* Of stuurt deze gedachte mij een doodlopend straatje in (zoals de gedachte 'het is toch hopeloos')? Je kunt het vergelijken met winkelen in de supermarkt. Als je wilt thuiskomen met een product dat echt een zinvolle bijdrage is aan je huishouden moet je goed in gedachten houden: niet alles wat ze daar aanbieden heb ik nodig! Soms lijkt het ter plekke ineens of je chocopasta hard nodig hebt, terwijl thuis nog nooit is gebleken dat chocopasta een bijdrage levert aan een gezond en prettig leven. Maar nu deze chocopasta prominent in de winkel staat opgesteld met reuze reclameborden over hoe gezond, goedkoop en gemakkelijk smeerbaar hij is, lijkt het ineens of je hem niet mag missen. Als je alles gelooft wat de reclames suggereren en wat de winkelier je zegt, kom je boodschappenwagentjes te kort.

Net als met supermarktproducten zijn ook niet alle gedachten die je geest aanbiedt een zinvolle bijdrage aan waardegericht leven. Belangrijke vraag: hoe weet je zeker dat je geest op de proppen komt met een gedachte die je helpt te leven volgens je levenswaarden? Hoe weet je wanneer je achter een gedachte moet aangaan of hem gewoon kunt laten voor wat hij is? Het antwoord ligt in de term 'bruikbaarheid'. Kan een gedachte mij in de gewenste richting helpen? Bruikbare gedachten zijn gedachten die:
– je helpen in de gewenste waardevolle richting;
– je motiveren om door te gaan met een waardevol leven;
– uitgaan van je eigen ervaring.

Neem eens een gedachte die je vaak ervaart (zie hoofdstuk 23 'De gedachtewaarnemer zijn') bijvoorbeeld 'pijn maakt mijn leven tot een hel op aarde'. Wat doet deze gedacht met je? Antwoord: hij maakt mij aan het schrikken. Helpt deze angst je om uiteindelijk het leven te leiden zoals je dat graag wilt? Antwoord: Nee! Iedere keer als blijkt dat een gedachte je niet helpt, zoals een supermarktproduct dat je feitelijk niet kunt gebruiken, kun je besluiten deze gedachte minder serieus te nemen. Je bedankt hem voor zijn aanwezigheid in je geest en je gaat weer verder. In de volgende oefening kun je bewust het onderscheid leren maken tussen bruikbare en niet bruikbare gedachten.

Oefening

Winkelen in je geest
- Neem een stapeltje systeemkaartjes.
- Schrijf op ieder kaartje een pijngedachte die je vaak hebt (gebruik daarbij bijvoorbeeld gedachten die je inventariseerde in hoofdstuk 23) bijvoorbeeld: 'pijn maakt mij een slechte partner'.
- Schrijf een aantal cruciale pijngedachten op de verschillende kaartjes.
- Spreid de kaartjes nu voor je uit.
- Doe nu net als wanneer je aan het winkelen bent. Pak ieder kaartje beet, bekijk de gedachte en stel jezelf de vraag: 'Helpt deze gedachte mij om een waardevol leven te leiden? In welke zin helpt het mij wel/niet?' Schrijf het antwoord op de achterkant.
- Leg nu de kaartjes op twee stapeltjes: gedachten waar je wat aan hebt en gedachten die niet bruikbaar zijn.
- Bekijk na deze oefening nog regelmatig deze kaartjes en de achterkant. Zo kun je je realiseren dat niet iedere pijngedachte even bruikbaar is. Het is beter om belang te hechten aan gedachten die je helpen een waardevol leven te leiden dan achter gedachten aan te rennen die je afhouden van zinvol leven.

De voorafgaande hoofdstukken gingen over 'gedachten loskoppelen'. Als je beseft dat je pijngedachten hebt, en dat het alleen maar woorden en beelden zijn, kun je weer helder waarnemen. Je kunt de pijn, je lichaam, je innerlijk en je omgeving weer waarnemen zoals ze zijn en niet zoals je gedachten zeggen dat ze zijn. Defusie zorgt ervoor dat je niet automatisch doet wat de gedachten je ingeven. Je hebt weer de vrijheid om te doen of te laten wat jouw leven waardevol maakt. Hoe? Daar gaat het volgende en laatste deel van dit boek over.

VI Onderneem actie vanuit je hart

Natte voeten krijgen

Wat is toegewijde actie?

Als je altijd doet wat je altijd gedaan hebt, krijg je altijd wat je altijd gekregen hebt.

Jackie 'Moms' Mabley (1894 –1975), Amerikaanse cabaretière

In de vorige hoofdstukken kwam de volgende boodschap naar voren: Je kunt met chronische pijn een prachtig leven hebben als
- je bereid bent pijn te ervaren zoals deze op dat moment is;
- je je bewust bent van je levenswaarden;
- je aandachtig waarneemt zonder te oordelen: je observerend vermogen inschakelt;
- je gedachten, beelden en herinneringen die met pijn verband houden, neemt voor wat ze zijn: alleen gedachten en beelden.

Dit zou je kunnen nastreven met een kopje koffie in je hand vanuit een gemakkelijke stoel. Maar kun je zo een leven opbouwen waar je tevreden over bent? Misschien, maar waarschijnlijk is het te passief. Meer voldoening geeft concreet iets doen wat van diep uit je hart komt. We noemen dit 'toegewijde acties'. Toegewijd betekent dat je de acties onderneemt ook al zijn er tegenslagen en ook al dwaal je meerdere keren van het voorgenomen spoor af.
Toegewijde actie is te vergelijken met in een voorgenomen richting reizen over een moeilijk begaanbaar terrein. Reizen terwijl de reis niet gladjes verloopt, dus waar lichamelijke en psychische pijn onderdeel van kunnen zijn omdat dat hoort bij waardegericht leven. Stel je loopt op die moeilijk begaanbare weg. In de verte zie je een berg. Hij ziet er prachtig uit, glashelder. Sommige delen zijn fris groen andere delen bestaan uit prachtig zwarte rotsen. Die berg trekt je erg aan en je voelt heel duidelijk, dit is de richting die ik wil gaan. Dus daar ga je, vol van motivatie. Maar...wat gebeurt er? Je bent nog maar net onderweg of zover je oog reikt, ligt bruine drab. Wat gaat er nu door je hoofd? 'Jeetje, nu moet ik door de blubber lopen, daar had ik niet op gerekend! Het stinkt en mijn schoenen komen vol met modder te zitten. Ik word

er vast doodmoe van en ik krijg waarschijnlijk natte voeten.' Als je dit denkt, heb je een keus: stoppen of...verder gaan en dan door de modder sjouwen. Toegewijde actie is: je stapt de modder in, niet omdat je zonodig vies, nat en moe wilt worden, maar omdat die tussen jou en je reisdoel in ligt.

Toegewijde actie betekent niet dat je impulsief die modder inspringt en maar kijkt waar je uitkomt. Toegewijde actie betekent dat je het terrein overziet, bewust je richting kiest (in de richting van de berg) en vervolgens heel bewust je voeten zo neerzet dat je aanvoelt wat er gebeurt, of je kunt uitglijden of wegzakken. Je krijgt daarbij vast natte voeten maar je blijft bewust stappen zetten.

Toegewijde actie betekent ook dat je wel aandachtig blijft voor de pijn. Hoe voelt de pijn? Wanneer wordt het erger, wanneer wordt het minder? Wanneer moet ik ondanks de pijn doorstappen en wanneer moet ik even halt houden? Toegewijde actie is heel wat anders dan 'blik op oneindig en verstand op nul'. Je hebt ook aandacht voor je eigen geest en kijkt welke innerlijke ervaringen kunnen helpen en welke niet. Je raakt niet verstrikt in de aanblik van al die modder, de lichamelijke pijn en alle gedachten die je hebt, want vanuit je ooghoeken zie je steeds die prachtige berg in de verte liggen. Als je van het spoor moet afwijken en omlopen omdat de modder echt te diep is, dan blijft je blik gericht op die schitterende berg. Zo hervind je uiteindelijk steeds weer je zelf gekozen richting. Doordat je voelt dat je op het goede spoor zit, zijn de pijn en alle andere ongemakken veel beter te dragen.

Uiteindelijk heb je jezelf door alle drab en modder heen gewerkt. En dan? Dan voel je je misschien wel moe, maar tegelijkertijd krachtig en voldaan, want je bent je eigen spoor trouw gebleven (zie ook tabel 7).

Tabel 7	Voorbeelden van levenswaarden met toegewijde acties
Levenswaarde	*Toegewijde actie*
Zorg voor kinderen die aandacht missen	Terwijl ik snel vermoeid ben toch eens per week limonade en thee verzorgen in het opvanghuis.
Conditie en gezondheid serieus nemen	Terwijl ik bang ben te veel pijn te krijgen wel tien minuten per dag wandelen. Ik ervaar misschien enige toename van pijn maar ga niet over mijn grenzen.
Respect en assertiviteit binnen mijn gezin	Terwijl ik weet dat mijn partner niet van huishoudelijk werk houdt, vraag ik hem of haar op een respectvolle manier toch om eens per week te helpen het huis op te ruimen.

Levenswaarde	Toegewijde actie
Stilstaan bij innerlijke ervaringen van mijzelf en anderen	Terwijl ik weet dat mijn gedachten steeds afdwalen naar de pijn ga ik wel elke dag tien minuten zitten mediteren.
Creatief educatief werk	Ik ben bang dat mensen mij een aansteller vinden als ik met een stok loop, maar ik ga wel drie uur per week lesgeven, met stok en al.

Ervaren 'dit is de kant die ik op wil gaan' of 'dit is van waarde in mijn leven' gaat meestal gepaard met het besef een rijk leven te leiden. Je ervaart kracht en inspiratie die het leven met chronische pijn een heel nieuwe dimensie kunnen geven.

Op toegewijde acties reageert je geest ongetwijfeld met allerlei tegenwerpingen zoals 'ik wil wel een parttime opleiding volgen maar ik heb te veel pijn'. In het volgende hoofdstuk staat hoe je om kunt gaan met die bezwaren van je geest.

Ontdek de 'maren'

Omgaan met bezwaren van de geest

Leren vervulling in je leven te vinden terwijl je vaak pijn hebt, is een uitdaging. Deze fundamentele verandering zet zaken in gang die gepaard kunnen gaan met bedoelde en onbedoelde ongemakken. Het is geen gespreid bedje. Ga je, geïnspireerd door je levenswaarden, bijvoorbeeld vaker boodschappen doen, meer vrienden bezoeken, weer een hobby oppakken, dan kun je ook tijdelijk angstiger worden. Je pakt immers dingen aan die je niet meer gewend was. Als je bewust van je levenswaarden op verjaardagen duidelijker je mening laat horen, kun je ook wel eens een conflict met die dominante broer of zus krijgen, terwijl je dat vroeger nooit had. Dat hoort allemaal bij verandering. Naar je waarden leven gaat nu eenmaal ook met tal van ongemakken gepaard.

Je geest zal dit aangrijpen om dwars te gaan liggen: 'Ik wil wel wandelen, *maar* ik heb gewoon te veel pijn' of 'Ik wil wel mediteren, *maar* ik kan niet lang achter elkaar zitten'. Steeds dat *maar*. Hiermee wil je geest je doen geloven dat het op geen enkele manier mogelijk is te wandelen of te mediteren. 'Maar' is een van de meest voorkomende manieren van je geest om je af te houden van een waardegericht leven. Als je die *maren* letterlijk neemt kom je niet ver. Je kunt ze beter vervangen door het woordje 'en'

Oefening

Vervang 'maar' door 'en'
Om je er bewust van te worden hoe vaak je geest '*maar*' gebuikt om te protesteren, zou je dat een aantal dagen kunnen bijhouden. Welke toegewijde actie wil je ondernemen en wat weerhield je daarvan met een *maar*-gedachte? Bijvoorbeeld, ik wil mediteren, *maar* ik kan niet lang zitten.

_____ maar _____
_____ maar _____
_____ maar _____
_____ maar _____
enzovoort.

Vervang nu in de bovenstaande uitspraken het woord 'maar' door 'en'. Bijvoorbeeld, ik wil mediteren *en* ik kan niet lang zitten).

_____ en _____
_____ en _____
_____ en _____
_____ en _____

Wat is het verschil nu je 'maar' hebt vervangen door 'en'? Merk je dat de nieuwe uitspraak ook heel geloofwaardig kan zijn? Dat je bijvoorbeeld kunt leren mediteren *en* moeite hebben met zitten. Of dat je vrijwilligerswerk kunt doen *en* bang zijn dat je te weinig energie hebt? Je kunt merken dat je op deze manier nieuwe uitdagingen en nieuwe confrontaties wel aandurft. Het motiveert je tot nieuwe zinvolle acties. Heb je zin? In het volgende hoofdstuk staat hoe je een plan kunt opstellen voor toegewijde acties.

De kunst van het reizen

Acties plannen vanuit je hart

Nu je diep in jet hart weet waarvoor je leeft, wat is er dan zinvoller dan dit in de praktijk te brengen? Wachten tot je de strijd met de pijn gewonnen hebt, heeft niet zo veel zin. Pijn bevechten betekent immers 'pijn lijden' en eindeloos ronddraaien in vicieuze cirkels. Nu is misschien de tijd aangebroken om toegewijde actie te gaan ondernemen. De reis kan beginnen. Niet om zo snel mogelijk van de pijn af te komen, maar vanuit de bereidheid pijn en ongemakken te ervaren. Het gaat nu om acties ondernemen vanuit je levenswaarden (zie daarvoor het overzicht van je levenswaarden in hoofdstuk 14 'Koers kiezen'). Je kunt nu toegewijde acties plannen die bijvoorbeeld verbonden zijn met liefde, respect, oprechtheid, zelfontplooiing of innig samenzijn.

Het opstellen van een toegewijd-actieplan is te vergelijken met wat men ook wel noemt 'het uitbreiden van gezond gedrag'. Ook daarbij wordt vaak een plan opgesteld met doelen en kleine haalbare stappen. Maar het uitgangspunt daar is vaak dat afleiding tot pijnvermindering leidt. Bij toegewijde actie is pijnreductie geen doel op zich. Waardegericht leven is het uitgangspunt. Pijnreductie is een mogelijk gevolg maar niet het doel. Als je acties onderneemt vanwege pijnreductie zit je immers voor je het weet weer in die 'neerwaartse spiraal' van niet aanvaarden en vechten.

Een actieplan is te vergelijken met een reisplan. Je vraagt je dan ook eerst af: 'Waar draait deze reis om? Ontspanning? Cultuur? Uitdaging? Nieuwe mensen ontmoeten?' Dan kies je een reisdoel wat daarbij past. Vervolgens plan je een datum, besluit hoe je reist, welke reisbescheiden je nodig hebt en uiteindelijk ga je goed voorbereid op reis.

Kies nu een moment dat je je redelijk voelt en maak dan een plan voor toegewijde acties. Je kiest een levenswaarde waarvan je het nu belangrijk vindt om je leven erop te richten (zie hiervoor hoofdstuk 14 'Koers kiezen'). Neem één levenswaarde tegelijkertijd, niet alles door elkaar. Het gaat erom je levenswaarden nu om te zetten in haalbare doelen en praktische stapjes. Hierna staan de verdere aanwijzingen.

Aanwijzingen

Plan voor toegewijde acties

1 Vraag jezelf af: Aan welke levenswaarde wil ik werken?
Omschrijf het levensgebied (bijvoorbeeld vriendschap) en de levenswaarde(n) bijvoorbeeld openheid, eerlijkheid of wederzijdse steun.
Levensgebied: _____
Levenswaarde: _____

2 Stel een doel dat in overeenstemming is met deze waarde.
Wat wil je uiteindelijk bereiken wat betreft de geselecteerde waarde? Bijvoorbeeld, ik wil op den duur regelmatig een vriend of vriendin ontmoeten en zowel over leuke dingen praten als over problemen en ik wil daarbij wederzijds respect nastreven.

3 Maak dit doel nu concreet voor de korte termijn.
Vertaal het doel in iets wat je op de korte termijn kunt doen of meemaken en wat je helder voor ogen kunt zien. Stel geen doelen die je toch niet kunt bereiken, zoals me nooit meer somber voelen, of nooit meer iemand teleurstellen. Stel je doel ook in termen van wat je *wel* kunt doen of meemaken en niet in termen van iets wat je *niet* moet doen of iets wat moet ophouden. Als je bijvoorbeeld wilt stoppen met te veel televisie kijken, vraag jezelf dan af: En wat zou ik dan gaan doen als ik geen televisie kijk?' Maak hiervan een concreet doel. Bijvoorbeeld, ik ga meer lezen over politiek, want politiek actief zijn is een van mijn levenswaarden.

4 Bedenk nu een kleine haalbare tussenstap.
Vraag je af: Wat kan ik binnenkort doen om het concrete doel in een kleine tussenstap te bereiken? Voorbeeld van een haalbare tussenstap: Ik ga mijn vriendin Joke deze week bellen en vragen wanneer het haar schikt dat ik langskom. Een kleine concrete stap zetten is vaak moeilijk voor mensen met chronische pijn. Ze willen veel en zijn geneigd te grote tussenstappen te zetten. Of ze zijn zo bang voor deze stap (als ik me vastleg kan ik het misschien niet nakomen vanwege de pijn) en plannen dan veel te kleine stapjes of veel te ver weg in de toekomst.

5 Voer de actie uit.
Voer de concrete actie nu uit. Houd hierbij bewust je levenswaarde in gedachten. Dus denk bijvoorbeeld aan 'openheid' en 'eerlijkheid' en 'wederzijdse steun' als je een vriendin opbelt. Probeer je ook te realiseren dat ongemakken erbij horen en dat pijngedachten alleen maar gedachten zijn. Bedenk ook dat iedere wezenlijk nieuwe stap met onzekerheid gepaard gaat. Maar het is net als van de duikplank springen in het zwembad. Je springt of je springt niet. Je kunt niet een beetje springen, want dan blijf je staan waar je al bent.

6 Evalueer.
Wanneer je de concrete stap hebt uitgevoerd, ga je na of je de stap hebt uitgevoerd zoals je het had bedacht. En je gaat na of deze stap je inderdaad op weg heeft geholpen naar het doel en de levenswaarde.
Als de stap je niet in de gewenste richting heeft geholpen, ga dan na wat hiervan de reden is. Of heb je misschien de stap helemaal niet kunnen zetten? Ga dan ook na wat de reden was. Was de stap te groot? Of vond je het bijvoorbeeld te moeilijk iemand teleur te stellen? Realiseer je dan dat 'nee' zeggen soms ook hoort bij leven volgens je waarden. Als je hebt ontdekt waarom deze stap je niet bracht waar je wilde, stel je hem desnoods bij en probeer je het nog eens

7 Complimenteer
Heb je een stapje in de richting van het gewenste doel en levenswaarde gezet? Is het gelukt? Complimenteer jezelf dan. Of vertel het aan een ander en laat je complimenteren. Mensen met pijn houden meestal niet zo van complimentjes en denken: 'Doe maar gewoon dan doe je al gek genoeg'. Maar het is een feit dat stapjes zetten steeds makkelijker gaat als je het waardeert en jezelf aanmoedigt. Een compliment is juist van belang bij die kleine stapjes die je vroeger over het hoofd zag. Zeg bijvoorbeeld tegen jezelf: 'Goed zo, dat heb ik goed gedaan'. En als iemand zegt 'dat vind ik knap van je' zeg dan niet 'oh, het stelt niets voor' maar 'bedankt voor het compliment'. Door open te staan voor positieve opmerkingen over kleine prestaties wordt deze nieuwe manier van doen bekrachtigd.

Waarom is dit alles een kunst? Omdat het niet alleen om de kunde van het opstellen van een papieren reisplan gaat. Het gaat vooral om de inspiratie die je uit je levenswaarden haalt. Wanneer je je niet laat inspireren door je levenswaarden is een actieplan op den duur een weinig stimulerende aangelegenheid. Het gaat juist om de kunst de energie van je levenswaarden te laten doorstralen in je dagelijkse acties. Dat geeft je de kracht om door te gaan ook als je geest zegt dat je beter kunt opgeven. Het volgende hoofdstuk gaat daarom over toegewijde acties blijven uitvoeren ondanks ontmoedigende gedachten.

De zee op met radio 'Kommer en Kwel'

Koers houden bij storende gedachten

> *Maar pijn...lijkt mij onvoldoende reden het leven niet te omarmen.*
> *Dood zijn is behoorlijk pijnloos. Pijn is als tijd, het komt sowieso.*
> *De vraag is welke fantastische momenten kunnen we naast de*
> *pijn uit het leven halen?*
>
> **Lois McMasterBujold, Amerikaans sciencefictionschrijfster, 1991**

Als je vanuit je levenswaarden acties onderneemt (zie hoofdstuk 33) is de vraag: Hoe houd je de juiste koers? Welke obstakels zijn te verwachten? De grootste obstakels zitten misschien wel in je gedachtewereld, als je tenminste realistische plannen maakt. De grootste belemmering vormt het blindelings volgen van gedachten die je aanzetten tot
- vermijden van acties die pijn en ongemakken kunnen geven;
- pijnervaringen willen onderdrukken;
- veel te hoge eisen stellen en dan alsmaar doorgaan;
- alsmaar controle willen houden;
- ontmoedigd raken en de richting kwijtraken;
- jezelf en anderen de schuld geven van alle tegenvallers.

Het heilige geloof in hardnekkige pijngedachten kan je afbrengen van wat in jouw leven van vitaal belang is zoals je ouderschap, je vriendschappen, je persoonlijke ontwikkeling of je maatschappelijke idealen. Hoe ga je daarmee om?
Leven vanuit je levenswaarden is te vergelijken met een uitdagende reis. Je kunt je daarbij de volgende denkbeeldige zeereis voorstellen. Je hebt je schip helemaal in orde gemaakt en je koers bepaald. Het gaat in de richting van je levenswaarden. Je weet natuurlijk dat je last kunt krijgen van slecht weer en ongemakken als pijn of vermoeidheid. Daarom wil je niet te veel van jezelf en van de boot vragen. Het is immers beter zelfgestelde doelen te bereiken dan jezelf te overvragen en dan de zeereis te moeten staken. Je hebt een gedoseerd reisplan gemaakt met kleine etappes van steeds een paar uur.

Het is een mooie dag en je verlaat de haven. Je ziet de mooie gladde zee, andere schepen, vogels, de zon en je voelt de aangename temperatuur. Maar wat blijkt? Actiegroepen die het je moeilijk willen maken, kunnen berichten uitzenden door de scheepsinstallatie zonder dat jij er iets aan kunt doen. Terwijl de haven nog achter je in zicht is, schallen door de speakers al de eerste berichten van actieradio 'Kommer en Kwel': 'Dit gaat niet goed.' 'Dit houd je nooit vol.' 'Je bent veel te moe.' Als je dan de motor stopt en een tijdje doelloos ronddrijft, stoppen de berichten. Alles lijkt dan weer rustig en probleemloos. Maar zodra je je weg vervolgt, schallen de berichten weer over het schip en in je oren. 'Het is veel te moeilijk.' 'Ga maar terug.'
Maar je vindt de kracht en gaat weer door. Als je uiteindelijk, de berichten trotserend, in de verte toch de haven ziet waar je die dag wilt zijn, komen er heel andere berichten door...'Niet stoppen nu.' 'Anderen kunnen veel langer doorgaan dan jij.' 'Wat zullen ze wel niet denken?' 'Dit stelt niets voor!' En weer drijf je doelloos rond met de eindbestemming van de dag in zicht. Verschillende berichten wisselen elkaar voortdurend af. 'Je kunt het niet!' En zodra je in de buurt van de haven komt, 'doorgaan slappeling'. Je wordt onzeker en moedeloos. Want je weet dat er nog veel meer actiegroepen zijn met ieder hun eigen radiostations zoals radio 'Moedeloos', radio 'Schuldgevoel', radio 'Ramp en Ongeluk'. De moed zinkt je in de schoenen. Je overweegt de verdere reis op te geven onder het mom van 'als het zo moet gaan, dan doe ik het niet meer'.
Maar wat blijkt? Hoewel deze actievoerders heel goed zijn in intimideren met hun berichten, kunnen ze praktisch gezien eigenlijk helemaal niets uitrichten. Zij kunnen de koers van je schip zelf niet veranderen. Ze kunnen alleen maar intimideren. Pas als jij gelooft wat ze zeggen, hebben ze controle over je schip, anders niet. Als je je realiseert dat de boodschappen door de scheepsradio eigenlijk niets kunnen uitrichten, ben je vrij en kun je gaan waar jij wilt. Maar ga je proberen actievoerders stil te krijgen dan kom je nergens en zul je altijd doelloos op zee ronddobberen.

Tips

Omgaan met storende gedachten
De metafoor de zee op met radio 'Kommer en Kwel' maakt duidelijk dat voor zinvol leven met chronische pijn het volgende van belang is:

- Maak een plan voor toegewijde acties die horen bij je levenswaarden (zie hoofdstuk 33).
- Onderneem acties die horen bij je toegewijde actieplan en wees bereid pijn en ongemakken te ervaren zoals ze werkelijk zijn. Het gaat niet om het volgen van je levenspad *ondanks* de pijn, maar *met* de pijn.
- Herken bij je toegewijde acties je pijngedachten en bekijk ze aandachtig. Zijn het gedachten die je bijvoorbeeld doen geloven dat je pijn moet vermijden, onderdrukken of controleren? Of gedachten waardoor, als je erin gelooft, je te hoge eisen stelt, ontmoedigd raakt, jezelf en anderen beschuldigt? Doorzie dat het alleen maar gedachten zijn en dat je zelf kunt kiezen om door te gaan in de richting van je levenswaarden.
- Hervat je koers.

35 Rotsen en stroomversnellingen voorzien

Een preventieplan maken

Hopelijk ben je al bezig een waardevol leven op te bouwen waarin pijn een plaats heeft. Als je op koers ligt, is het belangrijk om koers te houden. Houd daarbij de principes uit dit boek in gedachten. We zetten nog eenmaal alles op een rijtje.

Alles op een rijtje

- Tegen pijn vechten, leidt tot meer problemen en tot 'pijn lijden'. Herken wanneer je weer aan het vechten slaat, aan het vermijden bent, te veel controle wilt houden of wanneer je verstijft van angst.
- Houd in gedachten wat diep in je hart je levenswaarden zijn.
- Wees bereid pijn te ervaren zoals die voor jou op dat moment is. Verwar dit niet met van pijn houden of er geen moeite meer mee hebben.
- Stel je open voor je ervaringen in het hier en nu.
- Schakel regelmatig je observerend vermogen in (je observerende zelf). Neem zonder te oordelen je lichamelijke sensaties, gedachten, gevoelens, beelden en herinneringen waar.
- Herken gedachten, beelden en herinneringen die met pijn te maken hebben als wat ze zijn, alleen maar woorden en beelden. Zo heb je meer de vrijheid om te kiezen: handel ik naar de gedachten, beelden, herinneringen (met volharden, vermijden, controleren) of laat ik ze voor wat ze zijn.
- Merk je dat jij niet de pijn bent, niet je gedachten *bent*, niet de mentale beelden *bent*, niet de herinneringen bent. Jij *ervaart* pijn, gedachten, beelden en herinneringen.
- Onderneem toegewijde acties vanuit je levenswaarden. Hervat het spoor steeds als je het bent kwijtgeraakt. Overvraag jezelf niet, maar vermijd ook geen situaties uit angst voor de pijn.

Kijk uit voor overmatige controle of ontmoedigd raken. Zet zo geleidelijke stapjes in de richting van je levenswaarden.
- Ga ervan uit dat je bij een waardegericht leven tal van tegenslagen en hinderlijke gedachten ervaart. Vermijd ze niet. Onderken ze en vervolg je reis met die problemen en al. Dat geeft uiteindelijk voldoening.

Als je levenswaarden omzetten in toegewijde acties een gewoonte is geworden, kun je gaan merken 'mijn leven ligt op koers'. Je hoeft dan niet steeds opnieuw levenswaarden op papier te zetten en ze te vertalen in toegewijde acties. Je hebt dan de juiste koers te pakken en kunt je leven op deze manier vervolgen. Daarbij kan het wel verstandig zijn om vooruit te zien op mogelijke tegenslagen. Waardevol leven kun je vergelijken met op een rubbervlot met de stroom mee een rivier afzakken. Er zijn gedeeltes waar het rustig is en waar je je heerlijk kunt laten meedrijven. Maar er zijn ook stroomversnellingen en stukken met rotsen waar je voor uit moet kijken. Als je niet wilt vastlopen, is het verstandig van tevoren te anticiperen op rotsen en stroomversnellingen.

Stel een preventieplan op om niet af te wijken van je levenswaarden

Je kunt een plan maken om bij toekomstige tegenslagen de juiste richting te blijven volgen. Dit noemen we een preventieplan voor hindernissen. Het is anders dat het 'Plan voor toegewijde acties' uit hoofdstuk 33 'De kunst van het reizen'. Dat ging over acties plannen om te leven in de richting van je waarden. Hier gaat het erom, wanneer je eenmaal in de gewenste richting leeft, te voorkomen dat je de koers kwijtraakt.

Het gaat hierbij om te verwachten toekomstige situaties die je van je levenskoers af zouden kunnen brengen. Wat kan je ervan afhouden om toegewijde acties te blijven uitvoeren? Denk eens aan situaties die in het verleden al moeilijk waren. Stel dat je levenswaarde is 'jezelf te blijven ontwikkelen' en je een cursus Nederlands volgt. Dan kunnen de volgende probleemsituaties zich voordoen: huiswerk niet afkrijgen, financiële problemen thuis, drie dagen per week om half zeven op, een familielid is ziek. Hoe ging je hier in het verleden mee om? En hielp dat? Of is er nu iets anders nodig? Wat kun je in de toekomst doen om wel vanuit je levenswaarden te blijven leven?

Je kunt nu een plan opstellen waarin staat hoe je om zult gaan met hindernissen (of risicosituaties): het zogenaamde 'preventieplan voor hindernissen'.

Aanwijzingen

Een preventieplan opstellen om bij hindernissen niet af te wijken van je levenswaarden

Levenswaarden:
Wat zijn mijn belangrijkste levenswaarden?

_____

_____

_____

Hindernissen:
Welke situaties of problemen kunnen mij van mijn levenswaarden afbrengen?

_____

_____

_____

Oude manieren van doen:
Hoe reageerde ik voorheen op deze situaties waardoor ik uiteindelijk in de problemen kwam?

_____

_____

_____

Nieuwe manieren van doen:
Hoe kan ik het nu anders aanpakken aan de hand van wat ik in dit boek heb geleerd? Denk aan niet vechten, pijn ervaren zoals die is, controle loslaten, aandachtig zijn voor wat je ervaart, loslaten van gedachten, accepteren van hindernissen, enzovoort. Blijf daarbij vooral bewegen in de richting van je levenswaarden.

_____

_____

_____

Storende gedachten:
Welke gedachten kunnen het me moeilijk maken om mijn levenspad te blijven volgen? Herken ze als gedachten en noteer ze.

_____

_____

_____

Het overzicht van levenswaarden, hindernissen, oude manieren van doen, nieuwe manieren van doen, en storende gedachten is het preventieplan voor hindernissen (zie tabel 8).

Tabel 8 Voorbeeld van een preventieplan

Levenswaarde	Hindernis	Oude manier van doen	Nieuwe manier van doen: verstandige maatregelen	Storende gedachten
vriendschappen verdiepen	meer pijn ervaren	veel tv kijken en zo afleiding zoeken, anderen uit de weg gaan.	pijn niet wegdrukken, aandachtig zijn, en een vriend bezoeken voor een goed gesprek	'Ik kan de pijn niet verdragen.' 'Ik ben geen goede gesprekspartner voor anderen met deze pijn.'
mezelf ontwikkelen: cursussen volgen	niet lang kunnen zitten tijdens een cursus	niet meer naar de cursus gaan	naar een fysiotherapeut gaan en mij laten adviseren over hoe ik het beste kan zitten en vragen om oefeningen daarvoor	'Dit lukt me nooit.' 'Ik kan nooit leren om zo te zitten dat de pijn te verdragen is.' 'De fysiotherapeut begrijpt mij vast niet.'
mezelf ontwikkelen: cursussen volgen	door de pijn me niet kunnen concentreren	opgeven of een veel te gemakkelijke cursus onder mijn niveau volgen	de cursus volgen, alert zijn wanneer mijn concentratie tekortschiet en dan hulp vragen	'Ik ben dom.' 'Ik kan dit niet.'

Levenswaarde	Hindernis	Oude manier van doen	Nieuwe manier van doen: verstandige maatregelen	Storende gedachten
beschikbaar zijn voor mijn kinderen	moe zijn als ze een verjaarsfeestje geven	net doen of er niets aan de hand is, gewoon meedoen, dansen en tot na twaalven blijven en te veel drinken om de pijn en vermoeidheid niet voelen	van tevoren uitrusten, bijtijds gaan, anderhalf à twee uur blijven en één wijntje drinken	'Ik ben saai.' 'Ik ben een slechte ouder.' 'Ik moet er de hele avond bij zijn, anders ga ik af.'
zorgen voor mezelf	een familielid is ernstig ziek	alles opzijzetten, alles overnemen van die ander	de zieke helpen voor zover mijn gezondheid dat toelaat, voor het overige de hulp van anderen mobiliseren	'Ik stel me aan, ik kan best nog wat harder lopen.' 'Anderen zullen denken: wie denkt zij wel wie ze is, door mij hiermee op te zadelen.'
aan mijn conditie werken	bij het joggen krijg ik veel pijn	ontmoedigd raken, totaal stoppen met joggen en er pas een jaar later weer eens aan denken	een weekje rust nemen en dan de draad weer oppakken met een minder intensief jogschema	'Het wordt nooit meer wat met mij.' 'Met dit lichaam valt toch niets te beginnen.' 'Dit is mijn straf.'

Schakel een steunpersoon in

Vraag van tevoren iemand om 'steunpersoon' te zijn. Deze steunpersoon is iemand die je vertrouwt en die op de hoogte is van je problematiek. Hij of zij is geïnformeerd over wat chronische pijnklachten zijn. De steunpersoon is iemand die in staat is om samen met jou te beoordelen of je weer in je oude manier van doen schiet. Deze persoon is op de hoogte van je preventieplan en wil je helpen om het spoor van je levenswaarden vast te houden.

Geef het terugvalpreventieplan een duidelijke plek in huis

Schrijf het preventieplan voor hindernissen duidelijk op of typ het uit. Geef het een plaats waar je het gemakkelijk kunt zien en terugvinden zoals op je nachtkastje, op de koelkast, aan de binnenkant van je klerenkast, in je tas of in je portemonnee. Zo leer je succesvol om te gaan met moeilijke momenten.

Kijk uit dat je jezelf niet beschuldigt als je weer eens in oude gewoontes vervalt. Herken wanneer je brein gedachten produceert zoals 'nu heb ik alles verknald, nu moet ik helemaal opnieuw beginnen'. Onderken het als niets meer dan een gedachte of als woorden in je hoofd. Kijk in je preventieplan, overleg met de steunpersoon en zie het als een uitdaging om de verstandige maatregelen die in je preventieplan bij de hindernissen staan in praktijk te brengen. Bedenk ook dat hindernissen en storende gedachten horen bij een uitdagend en zinvol leven! Je preventieplan kan niet voorkomen dat er moeilijke omstandigheden opdoemen in je leven of dat je gedachten krijgt die proberen je te ontmoedigen. Het plan kan er wel voor zorgen dat jij als een bekwame zelfbewuste stuurman of stuurvrouw je handen aan het stuurwiel van het schip houdt. Ook al is het zwaar weer en schommelt het schip flink naar links en naar rechts, je houdt je ogen open en ziet duidelijk die inspirerende richting van je levenswaarden!

Dankwoord

Verschillende ACT-workshops, zoals bij Stevens Hayes, inspireerden mij tot het schijven van dit boek. Het directe contact met patiënten met onvoldoende verklaarde chronische pijn vormde ook een belangrijke motivatie. Ik werk dagelijks met hen samen als behandelverantwoordelijke van het topklinische behandel- en kenniscentrum Altrecht psychosomatiek (voorheen centrum Eikenboom) in Zeist. Ook mijn collega's bij Altrecht psychosomatiek zijn voor mij een stimulans vanwege hun grote inzet en deskundigheid en de prettige onderlinge contacten.

Ik heb mij bij het schrijven voornamelijk gebaseerd op ACT-literatuur. Alle principes en de meerderheid van de adviezen en metaforen zijn afkomstig van auteurs als Steven Hayes, Joanne Dahl, Tobias Lundgren, Kelly Wilson, Carmen Luciano, Russ Harris, Kirk Strosahl, Matthew Mackay, Catherine Sutker, Jacqueline A-Tjak, Francis de Groot, Marco Kleen, Patricia Robinson, Jon Kabat-Zinn, Lance McCracken, Aidan Hart, Ernst Bohlmeijer, Monique Hulsbergen, Peter Heuts en vele anderen. Veel credits voor dit boek gaan dan ook naar deze bevlogen ACT-wetenschappers en -therapeuten.

De warme belangstelling van mijn goede vriendin Leontine van den Bos was een aanmoediging voor het schrijven. Zij bedacht ook de titel voor dit boek.

Dubravka, mijn levenspartner, was ook bij dit boek weer die lieve, geduldige, wijze bron van hulp en steun.

De conceptversie van dit boek werd van deskundig en opbouwend commentaar voorzien door:
- Marco Kleen, Gz psycholoog/gedragstherapeut VGCt, werkzaam bij BrainDynamics Groningen, docent-onderzoeker bij de Rijksuniversiteit Groningen en eigenaar van PsyAdvies;

- Peter Heuts, revalidatie-arts, medisch directeur van READE, centrum voor revalidatie en reumatologie te Amsterdam en hoogleraar revalidatiegeneeskunde Vumc;
- Machteld van der Sluijs (klinisch psycholoog, psychotherapeut en gedragstherapeut VGCt werkzaam bij Altrecht Cura te Zeist);
- Noor van der Werf (psycholoog, psychotherapeut, werkzaam bij Altrecht psychosomatiek te Zeist);
- Ruud Mascini, senior uitgever GGZ/Welzijn bij Uitgeverij Bohn Stafleu van Loghum;
- Mieke van Dalen, interim-fondsredacteur bij Uitgeverij Bohn Stafleu van Loghum.

Naar hen allen gaat mijn oprechte dank uit.

Literatuur

Geraadpleegde literatuur

A-Tjak, J. & De Groot, F. (2008) *Acceptance and commitment therapy: een inleiding voor hulpverleners*. Houten: Bohn Stafleu van Loghum.

Bohlmeijer E. & Hulsbergen M. (2009). *Voluit leven*. Amsterdam: Boom.

Bruijn-Kofman, A. De (2006). *Leven met chronische hoofdpijn*. Houten: Bohn Stafleu van Loghum.

Dahl J., Wilson K.G. & Nilsson, A. (2004). Acceptance and commitment therapy and the treatment of persons at risk for long-term disability resulting from stress and pain symptoms: a preliminary randomized trial. *Behavior Therapy, 35,4,* 785-801.

Dahl, J. & Lundgren, T. (2006). *Living beyond your pain: using acceptance and commitment therapy to ease chronic pain*. Oakland, CA: New Harbinger.

Dahl, J., Wilson, K.G., Luciano, C., & Hayes, S.C. (2005). *Acceptance and Commitment Therapy for Chronic Pain*. Reno, NV: Context Press.

Geiser, D.S. (1992). *A comparison of acceptance-focused and control-focused psychological treatments in a chronic paintreatment center*. Ongepubliceerd proefschrift, University of Nevada, Reno.

Harris R. (2009). *De valstrik van het geluk. Hoe kun je stoppen met worstelen en beginnen met leven*. Houten: Bohn Stafleu van Loghum. Vertaling van The Happiness Trap.

Hayes, S.C., Masuda, A. & De Mey, H. (2003) Acceptance and commitment therapy: een derde generatie gedragstherapie. *Gedragstherapie, 36,* 69-96.

Hayes, S.C. & Smith, S. (2006). *Uit je hoofd, in je leven*. Amsterdam: Nieuwezijds.

Hayes, S.C, Strosahl, K.D. & Wilson, K.G. (2006). *Acceptance and Commitment Therapy. Een experiëntiële weg naar gedragsverandering*. Amsterdam: Harcourt Assessment.

Houtveen, J. (2009). *De dokter kan niets vinden*. Amsterdam: Uitgeverij Bert Bakker.

Kabat-Zinn, J. (2009). *Handboek meditatief ontspannen. Effectief programma voor het bestrijden van pijn en stress*. Negende druk. Haarlem: Altamina-Brecht.

Kabat-Zinn, J. (1982). An outpatient program in behavioral medicine for chronic pain patients based on the program of mindfulness meditation: Theoretical considerations and preliminary results. *General Hospital Psychiatry, 4,* 33-47.

Kleen, M. & Heuts, P.H.T.G. (2008). ACT bij chronische pijn. In: A-Tjak, J. & De Groot, F. *Acceptance and commitment therapy: een inleiding voor hulpverleners*. Houten: Bohn Stafleu van Loghum.

Kleen, M. & Jaspers, J.P.C. (2007). Vrouwen horen niet hard te lopen: Acceptance and Commitment Therapy bij een pijnstoornis. *Gedragstherapie, 40,1,* 7-26.

Kleen, M., Bouman, T.K., Heuts, P.H.T.G. (in voorbereiding). Acceptance of pain and its correlates with mindfulness, health status, psychoneuroticism and experiential avoidance in a community sample.

McCracken, L. M., Vowles, K. E., & Eccleston, C. (2004). Acceptance of chronic pain: Component analysis and a revised assessment method. *Pain, 107,* 159-166.

McCracken, L.M., Vowles, K.E. & Eccleston, C. (2005). Acceptance-based treatment for persons with complex, long standing chronic pain: A preliminary analysis of treatment outcome in comparison to a waiting phase. *Behaviour Research and Therapy, 43*, 1335-1346.

McKay, M. & Sutker, C. (2007). *Leave Your Mind Behind.* Oakland, CA: New Harbinger.

Spaans, J.A. (2008). *Omgaan met chronische vermoeidheid.* Houten: Bohn Stafleu van Loghum.

Strosahl, K. & Robinson, P. (2008). *The mindfulness and acceptance workbook for depression: Using Acceptance and Commitment Therapy to move through depression and create a life worth living.* Oakland: New Harbinger Publications.

Vowles, K.E. & McCracken, L.M. (2010). Comparing the role of psychological flexibility and traditional pain management coping strategies in chronic pain treatment outcomes. *Behaviour Research and Therapy, 48*, 2, 141-146.

Zettle, R. (2007). *ACT for Depression: A Clinician's Guide to Using Acceptance & Commitment Therapy in Treating Depression.* Oakland, CA: New Harbinger.

Aanbevolen ACT-literatuur

Bohlmeijer E. & Hulsbergen M. (2009). *Voluit leven.* Amsterdam: Boom.

Dahl, J. & Lundgren, T. (2006). *Living beyond your pain: using acceptance and commitment therapy to ease chronic pain.* Oakland, CA: New Harbinger.

Eifert, G., Forsyth, J. & McKay, M. (2006). *Boosheid de baas. ACT: een nieuwe methode om ergernis en frustratie in de hand te houden.* Zaltbommel: Thema. Vertaling van ACT on life, not on ange, *The New Acceptance & Commitment Therapy Guide to Problem Anger* (2006).

Harris R. (2009). *De valstrik van het geluk. Hoe kun je stoppen met worstelen en beginnen met leven.* Houten: Bohn Stafleu van Loghum. Vertaling van *The Happiness Trap* (2008). Boston: Shambhala.

Hayes S.C. & Smith S. (2006). *Uit je hoofd, in het leven. Een werkboek voor een waardevol leven met mindfulness en Acceptatie en Commitment Therapie.* Amsterdam: Uitgeverij Nieuwezijds. Vertaling van *Get Out of Your Mind & Into Your Life. The New Acceptance and Commitment Therapy* (2005).

Bronnen van metaforen

Hoofdstuk 1

De metafoor 'drijven op drijfzand' is overgenomen uit Harris R. (2009), p. 99.

De metafoor 'beklimmen van de steile grillige helling' is gebaseerd op 'pad de berg op' in Hayes e.a. (2006), p. 99.

Hoofdstuk 7

De metafoor 'stoppen met touwtrekken' is gebaseerd op 'het touwtrekken op leven en dood met een monster' in Hayes e.a. (2006), p. 124.

Hoofdstuk 8

De metafoor 'zet die radio niet zachter' is gebaseerd op 'twee radionoppen' in Hayes, S.C. & Smith, S. (2006), p. 50.

Hoofdstuk 9

De metafoor 'Henk van der Leed op je feest' is gebaseerd op 'Joe de Bum' in Dahl & Lundgren (2006), p. 110.

Hoofdstuk 12

De metafoor 'lichtbakens op zee' is gebaseerd op 'the lighthouse' in Zettle, R. (2007), p. 16.

Hoofdstuk 13

De metafoor 'je uitvaartdienst bijwonen' is gebaseerd op 'attending your own funeral' in Dahl & Lundgren (2006), p. 49.

Hoofdstuk 16

De metafoor 'meekijken vanachter je ogen' is gebaseerd op 'kijken naar de wereld vanachter je ogen' in Hayes & Smith (2006), p. 113.

Hoofdstuk 17

De metafoor 'de westerse toerist in klein Zuid-Amerikaans vissersdorpje' is gebaseerd op 'life direction metaphor' door Peter Cowell in: http://contextualpsychology.org/life_direction_metaphor (06-05-2010).

Hoofdstuk 25

De metafoor 'gedachten als een navigatiesysteem' is overgenomen van Philippe Vuille op http://contextualpsychology.org/the_mind_as_a_gps (04-06-2010).

Hoofdstuk 27

Verschillende oefeningen zijn gebaseerd op metaforen van auteurs zoals Hayes & Smith (2006), Hayes e.a. (2006), Dahl & Lundgren (2006) en McKay & Sutker (2007).

Hoofdstuk 29

De metafoor 'op de tribune plaatsnemen' is gebaseerd op 'de schaakmetafoor' in Hayes & Smith (2006), p. 115.

Hoofdstuk 31

De metafoor 'natte voeten krijgen' is gebaseerd op de metafoor 'moeras' in Hayes (2006), p. 255.

Hoofdstuk 34

De metafoor 'de zee op met radio Kommer en Kwel' is gebaseerd op 'de demonen op de boot' in Harris R. (2009), pp. 89-92.

Hoofdstuk 35

De metafoor 'rotsen en stroomversnellingen' is gebaseerd op 'obstacles in a river' in Dahl & Lundgren (2006), p. 148.

Over de auteur

Jaap Spaans (1954) is klinisch psycholoog/psychotherapeut en gedragstherapeut/supervisor VGCt. Hij studeerde klinische psychologie aan de Rijksuniversiteit Leiden. Daarna specialiseerde hij zich in psychotherapie en gedragstherapie met als aandachtsgebieden eetstoornissen, persoonlijkheidsstoornissen en onvoldoende verklaarde lichamelijke klachten. Hij werkt nu als behandelverantwoordelijke bij het topklinische behandel- en kenniscentrum Altrecht psychosomatiek te Zeist (voorheen centrum Eikenboom). Hier is hij actief betrokken bij de behandeling van mensen met onvoldoende verklaarde chronische pijn. Hij participeert in verschillende landelijke overleggen op het gebied van onvoldoende verklaarde lichamelijke aandoeningen en verzorgt scholing op dit gebied. Hij publiceerde boeken (over eetstoornissen, de borderlinestoornis, midlife en chronische vermoeidheid) en wetenschappelijke artikelen voornamelijk over eetstoornissen en onvoldoende verklaarde lichamelijke klachten.

GPSR Compliance

The European Union's (EU) General Product Safety Regulation (GPSR) is a set of rules that requires consumer products to be safe and our obligations to ensure this.

If you have any concerns about our products, you can contact us on

ProductSafety@springernature.com

In case Publisher is established outside the EU, the EU authorized representative is:

Springer Nature Customer Service Center GmbH
Europaplatz 3
69115 Heidelberg, Germany

www.ingramcontent.com/pod-product-compliance
Ingram Content Group UK Ltd.
Pitfield, Milton Keynes, MK11 3LW, UK
UKHW050410240426

12048UKWH00020B/1434